宗教文庫

佛教入門

三枝充悳　著

黃玉燕　譯

東大圖書公司

譯　序

　　人過了六十歲，總是會回顧自己的過去。我也是過了六十五歲後，常回顧反省自己走過來的人生之路。

　　在這六十八年的人生中，我做了三十幾年的翻譯工作，有時因為寫久了手腕痛，有時脖子痛，卻總是樂此不疲。但近年來我認真地思考未來不多的人生，應如何生活著。

　　這兩三年來，我在家聽了一些兒媳說的佛教教義，對人生感到悠閒的當下，東大圖書公司的編輯先生打電話來聯絡我，希望我翻譯三枝充悳教授的《佛教入門》時，我真是驚喜。最巧的是，這正是我去美國三個月回台北的第二天還時差剛睡醒，聽到要譯這本書，我的心情是先驚呢？或是喜呢？自己也分不清，也許是這兩種感情同時湧出來的吧！我腦海裡首先閃過的感受是，我終於與佛陀相遇，佛陀向我伸出救濟的手，佛陀對我說：「妳翻譯《佛教入門》，讓臺灣的眾生讀。」我自己對自己這樣解釋。

　　於是我在兩個月的時間譯完這本《佛教入門》。

　　《佛教入門》是由日本出版界最具權威的岩波書店，於一九九〇年一月二十二日出版，我手頭根據的是二〇〇〇年十二月五日發行的第23刷本，是頗受讀者肯定歡迎的佛教指

南書。作者三枝充悳教授是日本東京大學、德國慕尼黑大學的文學博士、哲學博士，也是印度學、佛教學之世界權威中村元先生的弟子，當今日本佛教學學者。

本書作者累積多年來的研究成果，以簡潔易懂之文章寫出給想要了解佛教之初學者的入門書。全書分為三部門，分別記述二千五百多年前，佛教誕生前後的印度社會、文化背景、教團成立經過，以及二千五百多年來的演化——由佛陀「對機說法」的原始佛教（初期佛教），因何而發展為南傳佛教與大乘佛教（北傳佛教）。又，在印度誕生的佛教，為何在印度滅亡，反而在國外各地——中國、韓國、日本、西藏以及斯里蘭卡等東南亞各國發展的經過情形。

第二部佔全書五分之三篇幅，記述佛教思想與其演變，讀者可從這部獲得真正的佛教教義。三部門之外，另有一篇前言。

這篇前言可以說是此三部門的提要，初學者如果熟讀幾次後，再按照第一部、第二部之順序閱讀下去，就容易把握佛教宇宙，讓讀者獲益不少。

黃玉燕

2002 年 12 月 28 日

序 言

本書的內容，從頭到尾都圍繞在「何謂佛教」這個主題範圍內。

佛教自從釋尊（喬達摩·佛陀）創始以來，大約有二千五百年的歷史，它對於人口稠密的東亞各地諸多民族，至今一直有重大的影響。而本書以其根源的印度佛教為論述的主題，這是因為佛教乃誕生於印度，而在那裡有它於各年代成長和成熟的果實，並且這些果實的每一個種子，已開花成為亞洲各地的佛教。但是，偶爾也有其變種現象的發生，這是難免的。

不用說，佛教一直以宗教的立場來開導大眾，使人得到精神安慰。再加上佛教能建立思想（哲學），使其成為人們實踐的支柱，這更對各種優異的文化之形成、深度化、發展等產生很大的貢獻。從這些情形也可看出，佛教在各地已有不少習俗化的痕跡。

在另一方面，佛教學在近二世紀中擴大至全世界各地，屹立不移，而其成果則在於解明和確定了許多資料，即使是對一個字，學者也貫注銳利的智慧與莫大的精力。

本書將針對佛教學中如何來闡述某種教義，以及目前的實際說法為何來展開論述。在論述過程中，除了充分考慮到

佛教學（其中也對文獻學），尤其以思想（哲學）為核心來論述之外（雖然所述的內容或許不夠周全），也嘗試將佛教與西洋的各種思想做個比較。

在本冊小書中，對於「佛教」入門必須述及的各種問題，盡量依據以往的學術研究，以平實的文字和句子做忠實的敍述。

三年多前，我與四十餘年來承蒙教示的恩師中村元先生共著《バウッダ‧佛教》（小學館），那本書論述的重點在於特別的各種事項，而在本書中，論述的目標則在於佛教整體的把握，其中也轉載前著裡的部分拙文。

在本書中，除了漢語以外的各外國文字，都以目前在日本通行的片假名加以標記，並將其原語之大部分加以羅馬字化，列入索引中。

本書執筆之時，中村元與平川彰兩位先生，以及許多前輩、學友的著作和論文，都給了我莫大的幫助，並且在出版上，自從去年初秋以來，受到岩波書店的合庭惇先生與坂本純子女士熱心的協助，而在索引製作方面，也有文學碩士丸井浩與光惠夫婦的幫忙，在此謹向以上的各位前輩以及有關的諸位先生深深地表示謝忱。

三枝充悳

1989 年 12 月 8 日

目次

前 言

一、「佛教」一詞

現在日本常用的「佛教」一詞，始於明治時代，在這以前的一千餘年期間，則稱為「佛法」或「佛道」。

中國從前則多稱呼其為「佛家」，不久後其中的天台宗或華嚴宗等（隋朝以前稱為毘曇宗或地論宗），各宗創始後，便以各自的教法為名，稱之為「宗教」，並且這個稱呼也廣泛流傳至日本。也就是說，有許多「宗教」屬於佛家與佛法，其歷史也長達一千年以上。在中國方面，古時候也有根據佛教的內容而譯成「道教」的例子。現代日本已受「佛教」一詞的影響，從十九世紀末起，「佛教」一詞已普遍化於漢字文化圈，再加上英文的 "religion"（這個字也有它轉變使用的歷史）被譯成宗教之意後，「佛教」一詞也就被包含在「宗教」的範圍裡沿用至今。

在印度則自古至今日，因為「佛教」起源於創始者佛陀（Buddha），而習慣用 "Bauddha" 一詞來稱呼「佛教」，這是佛陀的形容詞型。它所表示的是「屬於佛陀」及「佛陀的信奉者」之意。所謂的佛教，則稱為 "Bauddha–dharma" 或 "Bauddha–dars'ana"。至於 "dharma"，是「法」（宗教、倫理、

法律、真理等都包括在內）、"dar'sana" 是思想（廣義的哲學）之意。然而在斯里蘭卡，則是 "Bauddha–dhamma" 或 "Buddha-śāsana" 等名稱較為普遍化，"dhamma" 與 "dharma" 的意思相同，"śāsana" 指教誨。至於英文的 "Buddhism" 則如字面所示，係來自「佛陀」，並在十九世紀時才確定了這個名稱。歐洲的各語文也以此為準。

二、佛教史的概略

佛教大約在公元前五世紀時，喬達摩・悉達多（喬達摩・希達爾多）證悟得道而成為佛陀（覺者）後，向眾人弘法說道才開始。於是心服佛陀教示的人們，即成為佛弟子或在家信奉者。而在當初較為鬆散的信徒小團體，不久即發展為教團（宗教團體）。自從佛陀圓寂後，教團進行了整頓工作，同時，也派遣一些優秀的佛弟子到印度各地講述佛陀的教示，因此佛教便普及於印度的各地方。

在佛陀圓寂後一百餘年（另一說為二百多年）時，龐大的教團分裂成保守傳統的上座部，與立場較為進步的大眾部兩個部分，之後的兩百多年持續細小分裂的結果，成立了大約二十個部派。其中，上座部的一派在公元前三世紀中葉傳至斯里蘭卡，形成所謂的南傳（或南方）佛教。此後，南傳佛教更擴大到東南亞一帶至今日。

部派佛教在印度興盛後不久，大乘佛教即在公元元年以後登場，因此出現了各種多樣的新大乘諸佛與諸菩薩，往後

則部派與大乘並列進展。到了七世紀時密教盛行，於是上述三種佛教就在部分性混合的狀態下被繼承下來，但早在公元四世紀以後佛教便漸漸走下坡，在十三世紀初期因伊斯蘭教之破壞，而終致在印度消滅了。

　　另一方面，在公元開始後不久，從北印度經西域傳到中國的所謂北傳（或北方）佛教，大致上以大乘佛教為主流，其後加上密教。北傳佛教在四世紀時傳到朝鮮半島，六世紀時傳到日本，並在六世紀末與八世紀中期以後，由印度直接傳到西藏。

　　至於傳到各地的佛教，雖然依照印度佛教的種種樣貌加以變化，有了許多變遷和發展過程，而發揮了能與各個地區、時代和地域性相應的佛教之功能。可是，對這些教義與傳承形態加以觀察後，發現其內容並沒有超出原本印度佛教的範圍。據估計，現在全世界的佛教徒總數大約有五億人。

三、佛教的前史

　　世界著名的古代文明之一的印度文明，在其走向結束之途時，也就是在公元前十三世紀末，來自印度西北部的雅利安人數次渡過「班庶普」（五河）地方入侵後，不久就定居於該地。這些雅利安人把其神話歌頌記載在聖歌集《黎俱吠陀》（Ṛg-veda）中，接著創作出另三種吠陀與各種註釋文獻。據說，這些都是依據天啟而創作的。此外，亦逐漸建立起以司祭者的婆羅門為最高階層的世襲階級制度（也稱為四姓制），

這種階級區分的情形貫穿了印度的全史，到今日其基礎仍然根深蒂固。

雅利安人在公元前七世紀時，進入恆河（Ganges）中游流域的印度大平原。他們的生活由遊牧轉換為農耕的固定過程中，產生了可視為最早的哲學文獻的各種「巴尼夏特」（Upaniṣad）（亦稱秘密的教義或奧義書）。

在古老的「巴尼夏特」中所主張的即是：做為宇宙根本原理的是「梵」，以及係個人主體的內在原理的「我」。在有關這些「梵」與「我」的教說磨鍊中，不久即形成將兩者視為同一的看法，而最終建立了「梵我一如」的宏觀智慧。此原理成為往後印度哲學的主流，一直支持著印度教（Hinduism）。稍後，從個人的角度直視現實，而在古老的「巴尼夏特」中萌芽出依「業」的「輪迴」思想，並迅速廣傳至全印度，後來還支配了整個東南亞。

公元前六世紀以後，印度的農耕社會已邁入成熟期，並由於貨幣的普及和發展，促進了工商業的繁榮，產生了許多都市和一些小國家。在這樣的新社會中，「吠陀」這種宗教型式逐漸失去影響力，連婆羅門也喪失其權威，而王族的興起，也連帶地使具有自由、清新特質的思想家們活躍了起來。這些被稱為「沙門」的新思想家們，拋棄世俗的一切而出家，各自沈浸在親手開拓出來的多彩多姿的新思想中，他們受到了被解放的、瀰漫著新思潮的社會人們的歡迎。

至於這些新思想家的數目，佛教說有六十二，耆那教說

有三百六十三，並都各自傳下其大綱。而其中最具有影響力的六個人和其教說概要，佛典之中都有詳細的記錄，並稱之為「六師外道」。至於「六師外道」所包括的即是：普拉那的道德否定論、基於阿加達的唯物論的快樂主義、巴克達的七要素還原論（一種唯物論）、哥薩拉帶有唯物論色彩的宿命論、桑加耶的懷疑論，以及馬哈維拉的耆那教等。

　　喬達摩・佛陀與同時代的耆那教創始者馬哈維拉（偉大英雄之意，本名法爾達馬那）同樣是個自由思想家。在最初時期，佛教與耆那教兩者之間有許多互相關連的共通點，它們是除了婆羅門教及其所變身的印度教之外的兩大宗教，一直對印度人有莫大的感化與影響力。

　　再者，若要舉出耆那教與佛教的主要差異，則是耆那教專注於貫徹實踐，例如對苦行給予過度的肯定，又固守不殺生，其影響普及整個印度。可是，耆那教並沒有經歷大乘佛教那種重大變革，其影響通常也只限於印度國內。不過，直到今日，耆那教仍然保有活潑的經濟活動，雖然其信徒現在僅有大約二百萬人，但他們手中所掌握的金融資本卻是巨大的數目。

　　關於喬達摩・佛陀的佛教成立經過，將在下一章中完整地加以論述。

四、佛教的特質

　　思考佛教與其他各種宗教，尤其是與基督教和印度教的

不同（雖然這兩種宗教都不是屬於單一性質者，但下述的基本點則一貫相通），從佛教顯著的諸特徵中，來說明佛教有如下最重要的幾項特質。

⑴雖然無法斷定佛教的創始者喬達摩·佛陀（以下稱為釋尊，如次章開始所詳述）有強烈的意識要成立佛教的宗教組織，但在他的首次講經以後的四十五年遍歷遊行中，有許多弟子和信徒跟隨著，不久也就形成一個宗教團體。然而這樣的宗教團體之形成經過，與基督教是不同的。拿撒勒人耶穌被釘十字架後，曾一度四散的彼得等使徒們個個都說，確實聽到已亡故的耶穌的聲音，深信耶穌復活；他們先聚集於橄欖山，然後再度回到耶路撒冷，在群眾面前，確認死於十字架上的耶穌是基督（彌賽亞、救世主），這時基督教始成立。這成立的經緯，與佛教的成立在根本上是完全不同的。而印度教則未立創始者，又廣泛受到印度各種習俗的影響，是所謂的民族宗教，其與佛教在性質上更有顯著的不同。

並且，從整個印度史來看，印度教乃屬於正統宗教，佛教則一直被視為異端。

⑵除了基於釋尊教示的初期經典之外，比這些多出數倍的大乘諸經典是在釋尊圓寂後，大約經過五百多年由大乘諸佛創作出現的。而一些卓越的論師所著述的各種論書，不久也加入經典之中，這些書的數量也極其龐大。其中，因為印度佛教的傳統在十三世紀初已消亡，因此所失去的原典為數不少，但現在仍留有可取代的大量翻譯佛典，而這些翻譯佛

典顯然壓倒了其他各宗教。

⑶如同釋尊所教示的，佛教主張要不斷地面對現實，尤其是對應現實上的種種苦惱，佛教在這方面的教義真是多姿多彩。現實本來是多樣層出不窮的，而教說的展開也就會富於變化，其說法自始以來即有：對機說法、應病與藥、見人說法，以及八萬四千之法門等等。因此，佛教並沒有教條，而對於排除異說的觀念也非常淡薄。反過來說，佛教的教理本身使佛教的存在極易動搖。因此，要對佛教下一個單一的定義很困難，甚至可說是幾乎不可能的事。

⑷由於上述的這些情況，使佛教內部產生出許多爭論，所以在一方面，佛教思想史即被視為一部佛教爭論史；但在另一方面，有時默許包容與佛教相反的種種「教義」，而形成一種思想史直至今日。至於其他宗教曾經有過的審問異端，行使暴力等的情形，除了偶然被捲入政治的極少數的例外之外，在佛教中根本是不存在的。佛教與其他各種宗教，很少發生糾紛或鬥爭，而是常常產生出佛教與其他種種宗教混雜融合的情形。

⑸雖然信徒對釋尊和大乘諸佛的敬慕、崇拜、皈依等的心情是一樣的，但形式與內容卻頗異，而若再加上密教，就更複雜多歧。

⑹由上述的三項特質，可看出佛教的多樣性已達到沒有必要使用寬容、宥恕等術語的境地。至於持狂信態度的信徒，除了一部分例外以外，人數是很少的。佛教不採用印度教所

強調的「巴克弟」（信愛、誠信）這梵語。但是，佛教的思想和實踐，常常流於自由自在的放恣，有時放任其濫用，而曾出現不少由其本身招致晦暗不明的例子。

(7)在佛教史的任何場景敘述中，都看不到「創造神」，至於意味創造的「涅槃」，則轉而為變化之意。另外，相當於神的「迭瓦」這個詞，在中國則譯成「天」，而具有多種意義，並且被列為沙特瓦（譯成有生命者、眾生或有情）之一。或者也可以說，即使把佛加以極端理想化，也不過是達到領悟或得救罷了，佛教既無創造神，也不具有支配或征服等的性格。至於大乘諸佛，或可以說是佛的候補者的諸菩薩，其數目無限地增加，而密教則擁有更多的眷屬，因此可說泛神論的色彩濃厚，但也因為有這種特質，而相反地不易否定佛教與無神論觀念有著相同的一面。總之，如基督教等一神教所顯示出的情形在佛教中是看不到的。

(8)佛教在最初時期，強調領悟的智慧，然後是慈悲─救濟─利他等，有時是僅說一種，有時是相提並論的強調。至於慈悲，因為往往容易受愛憎、怨恨或獨善其身的情緒所影響，所以強調要盡量不受這些感情所左右，完全是一種自發的無求回報的悲天憫人的胸懷。

(9)佛教重視個人本身的行為，尤其注意心理的健全，因此在行為上，不著重結果論，而是動機論。至於實踐方面，基本上是「無我說」，尤其反覆強調要淡薄欲望或執著，要超凡脫俗。

⑽不把現實看做一成不變的，而是把包括主體在內的一切，視為在無常動態中不斷地生滅變化。佛教主張：無論是語言或其他一切事物，都是無常的，現實則經常不停地流動著，這種實在的情形即是真實。

⑾所謂無常與無我，即是朝向排除實體。現實的不斷生滅變化，係由各種條件的關係性所支持的，這稱為「緣起」，這是佛教史上一貫的觀念。而更徹底地把這種關係性加深到所有的相互關係，使實體完全破除，便完成「空」的思想。

⑿一般而言，佛教具有強烈的分析傾向，並加以歸納為數字表示，如三寶、四諦、五蘊、六處、十二因緣等，這稱為「法數」，而其到達極致時，又轉而廢棄，重視的是直觀的態度，這種事例相當顯著可見。

⒀從佛教的最初期以來，佛教的理想，便在於獲得不受周圍的事物干擾的平安，獲得解脫，以到達寂靜境界的涅槃（絕對安寧）。

⒁印度佛教，即使在獲得民眾廣大支持的時代，也遠離世上各種習俗的薰染，幾乎沒有參與各種民間的習俗禮儀。而另一方面，傳到印度以外各地的各種佛教，則由於上述的寬容而融入各地域的習俗和各種文化而有所改變。尤其是以往位於邊境的日本和西藏等地，佛教與世俗的關係頗深，因此它對當地的習俗和文化的形成有所貢獻，這與印度佛教對政治完全不加重視也有很深的關係。

⒂自從釋尊以來，印度佛教便以平等為基本論題，一貫

批判否定以婆羅門教、印度教為基礎的種姓制度。而各地的各種佛教也能對各民族教示平等思想，但是只收到部分的效果，缺乏具徹底成效的例子。

⑯印度佛教，特別是大乘佛教，早已由學者（例如中村元的《印度人的思惟方法》）所指出的，有為數甚多的種種特徵，其顯著者如：缺乏否定的特質、缺乏時間觀念和歷史意識、傾向於空想性、羅列主義，易走極端等現象。除此之外，從各地的各種佛教，也反映出各民族的思惟方法。

⑰印度人對世間所謂的宗教、哲學、倫理並不區分，而統括稱為「達爾夏那」（darśana），而且「達摩」（dharma）一詞的內容則更為廣泛。印度佛教也照樣繼承這觀念，一般來說，也適合稱之為思想。這種傾向廣泛充斥於傳至各地的整個佛教中。

佛教的特質，除上述之外，還可以再舉出若干例子。

總而言之，極富於多樣性的佛教的源流，可以說全部存在於印度佛教中，而關於這方面可以在佛教史和佛教思想史上獲得解答。

第一部

印度佛教史

釋尊圓寂之後，
弟子與信徒們都遵照釋尊的教示與戒律而生活。
他們把這些教義重新確認結集成冊，
這些教義的中心要旨，
最初應該都是由簡單明瞭的詩句
或短的散文共同口誦相傳而集成的。
弟子的團體雖然發展為教團，
但其領導人仍然是音容宛在的釋尊。
於是釋尊創始的佛教，
在北印度東部的中央成立。

引　言

本書把印度佛教區分為三期：初期、中期與後期。這是按照世界各地各種史學上常用的歷史三分法。

大約只有在日本明治後期以來，「原始佛教」這個專門用語才被使用（最近中國也見到少數）；一般而言，為了避免經常性的混淆，故將原始佛教的稱呼改變，在本書則稱之為初期佛教。照字面來看，初期佛教指的便是初期約一百五十年乃至約二百年間的佛教。

大約是在阿索卡王即位（公元前 268 年時）以降的前後時間，教團分裂而產生了部派佛教。各部派在這個時期整備初期經典，確立自己的教說；不久以後，大乘佛教產生，各種初期大乘的經典及少數的論書被完成，其後至四世紀開始的約五百五十年間，稱為「中期佛教」。

後期佛教以公元 320 年為起點。這一年帶有純粹印度教主義的笈多王朝成立，於是佛教被婆羅門文化壓倒，很快地失去了民眾的支持，但是佛教的各種傳統仍部分地被牢固維持著。企圖振興佛教，以及為教理的發展與確立而興起的活動也時有所聞，但佛教最後的據點——維克拉馬西卡大寺——於公元 1203 年被伊斯蘭教的軍隊徹底破壞而閉幕，未留任何痕跡。這期間的約九百年稱為「後期佛教」。

　　以下依序敘述印度佛教史的概略，並把重點放在佛教的成立及大乘佛教的登場，而其各種思想在第二部論述。

第一章　初期佛教

一、佛教的成立

　　在喜馬拉雅山麓接連廣大的印度大平原附近，即現在的尼泊爾國境內，曾經有一個釋迦族小國。喬達摩‧悉達多誕生為其中一個王族淨飯王的長子。他出生不久後，母親就去世，其母的妹妹成為王妃，由她撫養長大。

　　若由許多佛傳中盡可能除去其粉飾來考察，喬達摩少年時代接受王族教育，過著安樂的生活，十六歲時結婚並生下一個男孩。但喬達摩從幼年時就常常深深思索著世間的事情，二十九歲時，他放棄世俗的一切出家，成為一介沙門。他南下到恆河河畔，相繼訪問兩名仙人，向他們請示如何求道。在往後的六年中，他致力於包括絕食在內的苦行。但因為身心的衰弱與體力的消耗而中止苦行，在菩提伽耶的無花果樹（後來稱為菩提樹）下過著冥想的日子。

　　如此經過一段冥想日子後，他終於領悟（成道）而成為佛陀（覺者）。至於佛陀這個名稱是當時的印度一般通用的，這雖然不是喬達摩的專用名稱，不過，後來成為佛教獨有的稱呼。

　　佛陀這名稱傳到中國時，起先似乎是譯成「浮圖」或「浮屠」。而傳到古代日本時，浮圖（日本音為 Futo）再附上一個

日本字「ク(讀音為 ke)」就讀成 "Futke"，而 "Fu" 與 "Ho" 的讀音相近，因此現在的日文中，「佛」字即發音為 "Hotoke"。至於末尾的 "ke" 直到現在還有許多不同的說法。在中國方面的譯音，不久之後「佛」字就已經一般化，這「佛」字，是由「人」與「弗」合成之字。弗字有⑴與「不」字相同之意，⑵略為帶有「其他」的意思之解釋。因此有人對「佛」字所下的定義是：「似乎是人，而又豈止是人。」但從譯經大家玄奘（600–664 年）以來，「佛陀」音寫已定。

佛陀有許多名號，由於佛陀出身釋迦族，故也被稱為釋迦佛，牟尼是聖者之意，故稱之為釋迦牟尼，簡稱釋尊。釋尊這個稱呼最普遍，其歷史也最長。故在本書中除了特例之外，都採取釋尊這個稱呼方式。此外，釋尊也可以說是釋迦牟尼世尊的簡稱。但釋迦這個定名，中國對於在公元前一世紀時侵入北印度建立王朝的沙卡族，史上除記錄為塞種之外，也將之寫成釋迦，所以這個名稱其實有欠適切。

佛陀的名號總數超過一百個，除了上面所說的之外，「如來」(tathāgata) 的稱呼也廣泛流傳。這是印度文的「真理、真實、真如」(tathā) 和「來」(gata) 的合成語，即是真實的體現者、理想的人格完成者、真實到來等的意思。如來與佛陀，都是古代印度一般的尊稱之一，和其他常用名號合併為十個名號，稱為「佛的十號」。

釋尊在獲得領悟而經過若干週的躊躇逡巡後，終於決定要講經說法，起程前往曾經跟隨他苦修的五名同伴居住地

——貝拿勒斯郊外的薩爾那多。途中遇到異教徒優波迦，對他的發問回答說：「一切知者，無師獨悟。」然後渡過恆河，走過二百多公里的路，到達薩爾那多的鹿野苑，首次說了法（初轉法輪），而五比丘成為最早的弟子，此時佛教誕生。有不少的解釋認為這便是教團的成立。

以後的釋尊經常風塵僕僕地遍遊四方，接觸到許多苦惱的男女老幼，對於民眾提出的種種問題或訴苦，他往往夾雜著比喻來親切、適切地回答。這些民眾大部分成為信徒，其中也有人出家受戒成為佛弟子。學者（赤沼智善）根據古老佛典裡殘留的固有名詞，列舉出一千一百五十七個佛弟子，而經典則記載為約有一千二百五十人，佛弟子的實際人數想必比這些來得多。

出家的釋尊與佛弟子不事生產，身穿襤褸的衣服，每天早上向在家信徒乞食，得到的食物，堅守每天只在午前吃一頓。求乞的人，音寫為比丘。其女性名詞為比丘尼，比丘尼在佛教的最初期是相當稀少的。

在印度，夏天的季風期會持續三個月餘，因為在這期間不可能遊方，又由於考慮到接受布施的方便性，於是多半的時間是停留於東邊的王舍城（當時的強國馬卡達的首都）的竹園（竹林），或是西邊的舍衛城（柯沙拉國的首都）的祇陀園（略稱為祇園）簡陋的精舍，釋尊與佛弟子都專注於冥想，並彼此互相切磋佛教的教義和戒律。

除此之外，一年大半時間的乾季，釋尊大多獨自一人；

在晚年大約二十五年期間，則由年少的堂弟阿難陪伴，在上述的兩個地方所連接的橢圓形狀內的各地雲遊，路上有時在樹下過夜，連一點點的貯存物都沒有，遠離一切欲望，向自己之途前進，與他人不爭、不競，淡泊寧靜，徹底的「無」，安閒地、潔淨地接觸各地各階層的人們。

在長達四十五年的遊方最後，釋尊從王舍城北上踏往最後之旅。其方向是朝出生的故鄉，途中在拘尸那揭羅城郊外的沙羅雙樹下迎接平安的圓寂。享年八十歲。有關佛教的各種資料都記載其圓寂是「完全安詳地入滅」。

佛陀圓寂後，由住在附近的馬拉族信眾將其荼毘（火葬的音寫），並分成八份的佛舍利（舍利是譯音，原指身體，其後稱遺骨），厚葬於各地的佛塔。在十九世紀末，對於釋尊存在的真實性抱持懷疑的風潮吹到歐洲時，其中之一的佛塔由英國人貝培所挖掘，而骨灰罈上的文字被解讀後，以上所說的傳承在考古學上始被證實。這骨灰罈現存在加爾各答的博物館，其中的遺骨贈予篤信佛教的泰國王朝，而其中的一部分贈予名古屋市的日泰寺奉祀。

釋尊圓寂後，弟子與信徒們都遵照釋尊的教示與戒律而生活。他們把這些教義重新確認結集成冊，這些教義的中心要旨，最初應該都是由簡單明瞭的詩句或短的散文共同口誦相傳而集成的。弟子的團體雖然發展為教團，但其領導人仍然是音容宛在的釋尊。於是釋尊創始的佛教，在北印度東部的中央（稱為佛教中國）成立。

　　本來印度人就缺少歷史的意識，尤其是在古代，其資料幾乎全無。釋尊存在的年代也未見載於印度史上，由巴利語、漢譯方面，以及希臘的資料與其他方面（為數均多）全方位的探索，各種詳細精密的研究繼續了半世紀以上。關於佛陀的圓寂年代，南傳的公元前 544 年之說，學界並不採信。一般認同歐美等研究的公元前 483–485 年之說（根據南傳資料），以及現在日本研究所認為的公元前 383 年之說（以北傳資料為主），此二說並立，但後者的可信度較高。若根據其說法，大概可推算出來，釋尊的年代為公元前 463–383 年。

　　還有從釋尊的出生地來看，雖說可以認為是屬於尼泊爾系統，但釋尊並無使用古尼泊爾語的痕跡。因此這可以視為那一帶在當時已屬於印度文化圈。

二、初期的教團

　　佛教的教團稱為僧伽（譯音，略稱為僧）。僧伽的原意是聚集、集團、會議等，後來也表示為同業公會或共和國、同盟國等之意。釋尊在世期間，對其子及弟子的教導都是一律平等的，然其結構被認為比較鬆弛。佛陀圓寂後，教團整備漸漸進行，男性的比丘與女性的比丘尼，各別分開組織。至於服務僧伽的男性稱優婆塞（譯音）、女性稱優婆夷，他們是指在家信者。以上稱為「四眾」，其中當然是以出家者為主。

　　比丘與比丘尼，其出身為具有學識的婆羅門階級者佔多數，但亦遍及其他的各個階層。佛教的教團內部平等原則非

常徹底，出家以前的差別完全消失，其席次以出家後的修行年數（法臘）而定。但為了維持教團的秩序，以及要遵守釋尊的遺訓，故依據釋尊所教示的戒律，而建立了團體規則的「律」，而這些條律隨著教團成員的增加，與其他各種原因而逐漸增加擴大。這叫做「隨犯隨制」（或「隨犯制戒」），係由教團全體成員的共識所決定，其數目竟發展至二百五十至五百條的律藏。而若有成員違反這些戒律，則定有告白、懺悔、驅逐等罰則，但懲罰都不會超出這個程度，當然也沒有行使暴力的情形發生。

其他還有注重自動自發學習的戒律，如信者必須皈依佛、法、僧這三寶，與誓守五戒（不殺生、不盜、不邪淫、不妄語、不飲酒）。但這並非依罰則規制之，而其目的反而是在於提高各人的良好習性。

三、阿索卡王

印度與同屬大國的中國不同，其政治統一的歷史極少，即便是有，也都只維持一百多年而已；即使曾經建立了一些小國家或大國，印度所呈現的仍然始終是割據的狀態。

公元前 327 年，希臘的亞歷山大大帝（公元前 356–323 年）入侵西部印度，翌年撤退；不久，出身於富裕的摩揭陀地方的旃陀羅笈多即創立了孔雀王朝，並終於完成了印度最初的國家統一大業。第三代的阿索卡王（亦稱阿育王、無憂王，大約於公元前 268–232 年在位）時代迎接了其全盛時期，

在希臘的文獻中記載了有關這位國王即位的情形，而這即是推定古代印度年代的關鍵。另外，後來的「斯里蘭卡傳」（南傳），則視阿索卡王的即位是在釋尊圓寂後二百一十八年時。其中也有其第五代的佛弟子記錄其經過；而北傳卻指稱，這是在釋尊圓寂後一百年的事，佛弟子有四代。南北兩傳各有許多論據，因此在世界上的印度學者持續爭論中，若依目前最受重視的北傳，則如前所述，釋尊的圓寂之年，顯然是在公元前 383 年，釋尊在世的期間是自公元前 463 年到公元前 383 年。

阿索卡王在即位後不久便皈依佛教，他對於自己攻略東海岸的羯陵迦地方時戰鬥的悲慘情形尤其感到慚愧，因而一心尊崇佛教。但同時對婆羅門教、耆那教，以及其他宗教也加以保護與支援。這種傳統，也為之後的印度所承襲。

阿索卡王下令禁止不必要的殺生，在國內開闢道路、種植樹木、開掘井泉、設休息場所、醫院及布施機構，栽培藥草等，致力於為民眾謀福利。阿索卡王也巡拜佛蹟，派遣王子（亦說是弟弟）馬興達至斯里蘭卡，盡力推動佛教的普及與擴大。他更把普遍性的「法」（達摩）列入其政治理念中，除了本身的誓言之外，還把表露其信念的詔敕刻在石柱和岩石上，以喚起民眾的同心協力，並透過使臣把佛教傳至遠處的西方各國（敘利亞、埃及、馬其頓）。

在十九世紀以後，上述各地被發現的石柱詔敕一共有二十六個，在當時國境附近的岩石詔敕大約有十個，其上面所

刻的是十四章或七章的文章,而如今這些文章都已被解讀了。
包含薩爾那多在內的石柱詔敕上的文意,都是針對當時已開
始表面化的教團分裂現象的警告提示。還有,在拜賴特所發
現的岩石小詔敕上的文章,則在佛法僧三寶的皈依文之後,
刻有對佛教正法有用的七種佛經(法門),雖然在現存經典中
可看出這七種佛經的跡象,但是其中的差異處頗多,因此可
推測在阿索卡王時代,傳至現今的初期經典範圍尚未成形。
雖然如此,在阿索卡王的時代中,佛教的確有了相當大的進
步。

　　在當時,佛教發展的實際過程,可能是從印度這個國家
的統一和帝王的理想形象而產生出轉輪聖王(普遍的帝王)
這種理念,而在佛典各處或許多經典中,都記載有關這種理
念之說。

　　阿索卡王到了晚年既離開政務,又遭到臣下背叛,因此
孔雀王朝開始衰退,而在大約公元前 180 年時終於滅亡了。
此後,印度又回到了過去的分裂狀態。

四、初期佛教的資料

　　梵語與最古老的《黎俱吠陀》中所使用的吠陀文字很近
似,是意味「高尚、完全、純粹而神聖優雅的語文」,這「梵」
是中國對它的稱呼。梵,乃源自於印度思想核心的布拉夫曼
(Brahman)及印度神話中的創造神布拉夫瑪(Brahmā)的譯
音。對梵語,在公元前四世紀時大文法學者巴尼尼已創作出

一本完整無比的文法書，以後成為印度標準語文至今。自從
十八世紀中期以後，對梵語的學術研究風潮在歐洲盛行，同
時也進行了梵語與歐洲各國語言的比較研究，最後，發現和
確定了印歐語系（印度－歐洲語言族）。

「梵語」乃標準語，俗語及方言則稱為普拉克利特語（源
自以自然風俗為原意的普拉利達），俗語所包括的有摩揭陀
語、巴利語及其他語文。而且，現在的印度語與班加利語也
是由梵語所衍生的阿巴郎夏語所產生的。除了這些語文之外，
在印度還有屬於原住民語文的杜拉維達語系，此外，也使用
外來的閃語系，使用情形會依地域而有所不同。

由釋尊的活動範圍來推定，大致上可以類推釋尊和其信
奉者所使用的是摩揭陀語（或半摩揭陀語），但是有關摩揭陀
語的文獻現今並不存在。相對於北印度東部所使用的摩揭陀
語來說，巴利語被視為是中部以西地方的俗語，在語言學上
是屬於比夏甲語的一種，而巴利的意思即是聖典。可以說，
它較相似於梵語，且較少俗語中常有的語文上的零亂情形。

在釋尊圓寂後第一次結集（教團聚合會議）所使用的語
言，大概是摩揭陀語，此後因為佛弟子向西方宣教，而改用
巴利語。另外，顯然也有由摩揭陀語改成梵語的情形。

巴利語文獻，在阿索卡王時代傳到斯里蘭卡，然後擴展
至整個東南亞地域，雖然以後二千數百年中也有一些變遷，
但照樣通用，現在則更盛行。只是其中一部分摻有摩揭陀語，
因此反而給人有聖典的印象。在南傳佛教圈中，各種語文使

用的情形是：斯里蘭卡的辛哈里斯語是屬於印度系統、緬甸是西藏語文系統、泰國是華文系統等，雖然各地的使用情形完全不同，但佛教用語則仍然是巴利語，也因此反而成為各地佛教圈的通用語文。

在戒律固定化為律藏的過程中，釋尊及其最初時期的教示（其中一部分包括活動紀錄）則總括為「經」，就如同「經」的原意般，以直線方式成為傳佈佛教思想的資料核心。至於被稱為金口說法的釋尊本人的言語，早就不明，但仍然是由摩揭陀語轉成巴利語（有時稱為混淆梵語、佛教梵語）或梵語，並由梵文漢譯，或譯成西藏文而傳誦至今。

有關於初期佛教的「經」，不僅種類繁多，數量也相當龐大，因此宜稱為「經藏」。這是弟子們以口代代相傳，故範圍逐漸擴大。他們稱這些「經」為阿卡瑪（阿（ā）是到這邊，卡瑪（gama）是來的意思），在中國譯音為阿含，而巴利語則稱之為尼卡亞（nikāya，部之意）。

能夠傳承包括釋尊的初期佛教之教說寶貴資料的，只有這部阿卡瑪文獻（阿含經）。但經過幾百年的口傳，受到其傳誦增大、附加（稱為增廣），或被刪除、喪失（損耗）等的影響，文獻中亦清楚載明，對於這些口傳教說曾經重新整理、編輯過。這些資料定型為目前的樣子，是在中期佛教的部派佛教時才達成的。

因此，阿卡瑪文獻雖然是記載釋尊和初期佛教教義的唯一經典群，但現存的並非其原型，而是受到相當大的變異。

所以處理這些資料當然就需要經過充分而精密的文獻學上的
研究（要探索釋尊的教說，撇開附加的教說不提，就連要從
後代的大乘經典來探討初期的佛教都不可得，更何況是要探
索釋尊的教說呢，根本就辦不到。）

　　關於阿卡瑪文獻，傳至今日最古老的編輯形態，是依據
經的形式加以九分剖，稱為九分經，也有到後來追加三種經，
而稱為十二分經的系譜。據此術語，也可視「分」即是「部」，
「經」則變成「教」的例子。

　　十二分經的梵文和漢文表記是：⑴斯特拉（契經）、⑵格
雅（應頌）、⑶葛達（風頌）、⑷尼達那（因緣）、⑸伊底維里
達卡（本事）、⑹甲達卡（本生）、⑺阿杜布特達摩（未曾有）、
⑻阿瓦達那（譬喻）、⑼烏巴提夏（議論）、⑽烏達那（自說）、
⑾維布利亞（方廣）、⑿維雅卡拉那（授記）。以上是十二分
經，而九分經則由上述各經除去⑷、⑻、⑼三種。但十二分
經只有名稱傳至後代而已，其實際的狀態並不清楚。

　　現存的阿卡瑪文獻，如下所述大致上是依各經文章的長
短，分成四部分，亦即⑴長的經、⑵中等長度的經、⑶短小
的經、⑷剩下的其餘經文以一至十一的數字概括整理的一些
經。接著，再把以上所遺漏的未列入上述各經的十五種經，
彙集整理列入⑸（這個區分被認為已成形於摩揭陀語的資料
中）。

巴利語五部	日文譯名	漢譯四阿含
⑴《迪格‧尼卡雅》	《長部》	《長阿含經》
⑵《瑪古廢‧尼卡雅》	《中部》	《中阿含經》
⑶《桑榆達‧尼卡雅》	《相應部》	《雜阿含經》
⑷《安古達拉‧尼卡雅》	《增支部》	《增一阿含經》
⑸《克達卡‧尼卡雅》	《小部》	

　　所列出的⑸的小部，僅留有極小部分的漢譯文而已，但以「雜藏」之名處處傳其存在。此外，巴利語五部，是屬於上座部，而漢譯四阿含各經，不論是傳承原典的部派、譯者、翻譯時期、翻譯處，都大不相同，直到五世紀初，所有的經文才大致齊備。還有，漢譯的部分除了上述四阿含之外，有一部分是另外翻譯的，而且由上述五經所獨立出來的單經也不少。

　　巴利五部與漢譯四阿含所包含的經數（其中一部分為推測數）如下：

　　⑴《長部》　三十四經　《長阿含經》　三十經
　　⑵《中部》　一五二經　《中阿含經》　二二二經
　　⑶《相應部》　二八七二經　《雜阿含經》　一三六二經
　　⑷《增支部》約二三○八經　《增一阿含經》　四七一經
　　⑸《小部》　十五經

　　巴利小部中的「經集」與「法句經」是最古老、最重要的部分。還有「自說」（或感興偈）、「本事」（或如是語）、「長老偈」、「長老尼偈」、「本生物語」等也千萬別錯過。

　　小部以外的巴利四部與漢譯四阿含，如前表所述，其大綱大致上相同，但其細節部分則差異頗多，可以說完全沒有一致的。在兩者各經的比較研究上，雙方的共同點是：其原型均在部派分裂前就成立了。再者，漢譯佛典有⑴年代大致明確，而又古老。⑵書寫方式在當時幾乎已定型下來等的優點，而這一點與後述的大乘佛典有相同之處。

　　孔雀王朝滅亡後，希臘人在西部印度相繼建國，其中之一的彌蘭陀王（大約在公元前 160 年時）所支配的疆域，是從現在的阿富汗到印度中部，這位國王的正式信仰是希臘之神，但對佛教也非常關心，而根據佛教方面的紀錄，他曾與佛教僧侶那先比丘（那伽塞納）對話兩天，在第三天成為佛教徒。

　　這一部對話集，現存的有巴利語的《彌蘭陀王問經》及漢譯《那先比丘經》，兩者都相當古老。在這一部對話集中，最令人感到興趣盎然的是：希臘對印度的一種對決辯論。

　　還有，在阿索卡王時代，佛教團所派遣的傳道師中，也有希臘人，而且在桑濟的碑文中也有希臘人捐贈者的名字等，由此可看到在印度的希臘人皈依佛教的各種資料。

　　除了上述各種資料之外，還有在絲路各地所發現、發掘的各種文獻，其中大多數是以佛教梵文記述的，也有西藏文

翻譯的，及其他的文獻。

　　初期經典，可分成：⑴韻文，也就是僅有詩、⑵韻文和散文、⑶僅有散文等這三種。而依現在的學說來推定，韻文應該較古老，散文可能是後來附加的。

　　出家者的團體，有其教團的律藏，比丘及比丘尼應遵守的規則稱為「波羅提木叉」（戒經、戒本），這條文集的整理編輯時期比較早。但後來為了這個規定的相關解釋，而分裂成各部派，由各部派各自整備律藏。傳下上座部的巴利律，漢譯所傳的則有：法藏部的四分律、說一切有部的十誦律、化地部的五分律、大眾部的摩訶僧祇律、根本說一切有部律（亦有藏文譯者）等五種。

　　而律的各條項附記有該規定的原由之記錄，稱為「因緣譚」，連同經藏中的釋尊的回顧譚，不久即成為本生譚，或佛傳、教團史等的資料。

　　佛傳，也就是釋尊的傳記，在當初並不怎麼引起人們的關心，但隨著佛教的普及，佛傳的數目亦增加，經過華麗包裝後，廣泛流傳。這些與其說是佛傳，倒不如說是文學作品更為恰當，其並在中期佛教裡大放異彩。

第二章　中期佛教

一、部派佛教

　　釋尊圓寂後，即有許多弟子聚集在王舍城。但這時，頗受釋尊信賴的舍利弗與目蓮在釋尊圓寂前已去世。因此，佛弟子們就以一名長老大迦葉為中心，召開會議，彼此確認釋尊在世時的教示和戒律（釋尊在遺囑中要求佛弟子們遵守這些，但卻未指明後繼者）。這次會議記錄稱為「結集」，而在後來也召開了若干次，因此稱這次會議為第一次結集。

　　結集的原語「桑吉提」(saṅgiti)，也有合誦之意，而當時的情形大概是各佛弟子彼此談述自己所記憶的釋尊說法，得到確實教說後，大家一齊合誦的吧！不過，雖然有召開會議這件事被留傳下來，但其會議內容卻完全不得而知。因此，我們只能推測該結集也不過是片斷的、部分性的而已。

　　當初，佛教只是佔中部印度少部分的一個小組織，但在釋尊圓寂之後的大約一百年間，佛教便傳到印度西南方，不久更傳到以馬德拉為中心的西方，教團也擴大了。據說這是因為與西部印度關係不淺的優秀佛弟子們（瑪哈卡那或普南等）弘法的實效。同時，也有來自南方的聞法活動。

　　逐漸進展至印度各地的佛教教團，在釋尊圓寂一百多年（另一說為約二百年）後，教團內為了有關規制各成員的律

文解釋，而產生了新舊兩派的對立，並且終至分裂。

依據許多文獻的記載，有七百名長老比丘，為了討論瓦吉族比丘所容認的十項目（亦謂「十事」），召開了第二結集會議，並決議其各個項目，特別是對第十項——放寬接受金錢的布施，裁定為「非法」的，因此在主張上，進步派就輸給保守派了。

於是，要求放寬的進步派，就重新召開會議，據說有一萬名之多的參加者與會，並在會議中宣布獨立，而組成大眾部。至此，教團因而分裂，嚴格而保守的長老團體被稱為上座部或長老部，成為往後傳統保守派的核心。但也有資料稱此後的各別集會為第二結集，而本來天性就趨向地方分散的印度人的聚會，究竟能達到什麼程度，不無疑問。

最初的分裂稱之為「根本分裂」，此後持續發生的則稱為「枝末分裂」。亦即，在起先的一百年中，先在大眾部內部分裂，而在此後大約一百年期間，則在上座部分裂。之後，其各別又再度發生了細小分裂，並大約在公元前 100 年時，成立了大眾部系的九部，上座部系的十一部等，共計二十部的各種部派（也有一說是十八部派）。部派的實際數目可能超過二十，而其名稱在南傳、北傳，以及諸碑文的記載上也不一致。至於傳至後世的重要部派則有：上座部及其分派的說一切有部（簡稱有部）、法藏部、犢子部、化地部、經量部、正量部，以及大眾部等。上座部系主要在於印度的西部、北部與斯里蘭卡，而大眾部系則在中部與南方相當興盛。

　　根本分裂的年代是在阿索卡王以前，這幾乎已被確定，因為在桑濟、薩爾那多、柯桑比等石柱小詔敕上刻有阿索卡王為教團分裂憂心與提出警惕的文章。

　　雖然各部派有一些榮枯盛衰的情況變化，但教團都能經常保持優位，即使到了後來的公元開始前後，雖大乘佛教興盛繁榮，但印度至西域一帶的佛教主流仍然是由部派所佔據。

　　縱然也有大乘佛教徒稱呼部派的一部分（大約只限於有部）為小乘，但部派本身則一直無視於大乘佛教的存在。小乘的原語為「希拿耶那」，這希拿，除了是「小」的意思之外，還具有「卑賤、劣等」之意，但這個原語貶稱的使用，其時期比「大乘」晚得多，也沒有那麼頻繁地被使用。後來是因為在中國和西藏等的北傳佛教，全由大乘佛教所佔領了，因此在當地大乘、小乘的稱呼就一般化了。小乘在初期佛教中也經常出現，但因名稱有欠適切，因此在本書中儘量避免使用。

　　至於部派佛教的動靜在印度境內並未留下記錄，而依據由中國到印度而留有旅行記的三位求法僧，亦即法顯（旅行時期為 399–414 年）、玄奘（629–645）、義淨（671–695 年）所言，其情形是部派（亦稱小乘）經常居於壓倒性的優勢，尤其是其中的有部、正量部、上座部及大眾部的活動顯著。此外在斯里蘭卡，以及後來把佛教擴大至東南亞的也是上座部系，而各個地域，在長久的歲月中也有短暫的盛衰現象，同時也有大乘與密教的傳來。但自稱正統上座部的大寺派，

直到今日仍然興盛。

　　在公元前一世紀時，為數約二十有餘的部派所努力的目標是：為證實本身的正統性，而加緊對其依據的「經」與「律」的整備工作。如前所述，包括「釋尊教說」在內的初期佛教的經典，是以口傳方式傳下的，這些口傳教說在各部派的整理編輯下，集其大成，不久就固定其形式與內容。初期經典的現在形式，便是這樣編輯而成的，所傳下的有巴利五部、漢譯四阿含，及其他資料等。

　　漢譯的各種資料，除了四阿含之外，還有「雜藏」，而其中包括有四阿含所遺漏的各種經典，因此它相當於巴利的小部，其內容可能是新舊雜陳，但幾乎沒有現存者。

　　至於巴利小部原語中的克達卡（梵語為克希拉卡），其意思與其說是「小」，不如說是「雜」較適合，但為了避免與漢譯的《雜阿含經》（克希拉卡阿含）混淆，不稱雜部，而名小部。這巴利小部，比起其他的四部量更多，其中現在形式的《塞達卡》（《本生經》）等，新成立的東西也不少。

　　經與律確定了，接著部派佛教為了構築自說，而創立經的註釋。這一部分的註釋即存在於巴利小部的內部（例如譯為《義釋》的《尼迪薩》就是《斯達尼巴達》(Suttanipāta)的第四章、第五章、第一章的一部分註釋等），並在之後發展而成為「論藏」。

　　能有這些成就，是由於獲得若干有力的部派教團、王公貴族或富商信徒的篤厚後援，據說，其中也接受莊園之主的

捐獻，使他們能夠專心於鑽研其學說。而把部派以梵語稱為尼卡亞 (nikāya) 的說法，也在義淨的旅行記或西藏語等中可以看到，但在巴利語文獻中則沒有。

二、阿毘達摩

由部派所創作的大部分文獻稱作「阿毘達摩」(阿毘達摩·阿毘曇，簡稱毘曇，譯為論)。蒐集這些創作的稱為「阿毘達摩藏」，譯為「論藏」，與初期佛教所傳的經藏及律藏合在一起，才開始有三藏之名。三藏表現佛教聖典，在巴利佛教的內部，將其全體視為廣義的佛說。在中國，把三藏稱為一切經或大藏經。

阿毘是「對於、關於」之意：而達摩是表示「佛說」，被視為與「經」相同，譯為「法」，是指根據佛說所示的真理、真實而作的解釋。阿毘達摩，便是表示「法的研究」，譯成「對法」。在巴利文獻裡，把阿毘當做「優越的、過去的」之意，把阿毘達摩解釋為「優越的法」。

巴利上座部，在公元前 250 至前 50 年的約二百年期間，成立了包括《論事》的七論，這七論即是論藏 (阿毘達摩·毘達卡)，其他的註釋書或研究書等，都被認為是論藏之外。

有部 (說一切有部的簡稱) 也著作了《發智論》之外六種稱為「足論」的論書，一般稱為「六足發智」。這些在公元前一世紀時成立。其中的《發智論》(或譯《八犍度論》) 是大論師迦多衍尼子所著，其廣泛的內容闡述了有部的教學基本，故被稱為「身論」。這七論，漢譯齊全。其梵語的極少數

斷片在中亞被發現，並在德國校訂出版。

　　除了以上之外，未能加入論藏的註釋書或解釋書，以及論書，數量也相當地多。

　　而巴利文獻，在二世紀的優婆底沙之後，五世紀時從南印度傳到斯里蘭卡，長期停留期間的覺音，幾乎把三藏全部而詳細地寫成註釋書，又獨自著作名著《清淨道論》。他的解釋成為上座部教理的標準，現在仍然不斷地被引用。

　　巴利文中有傳述斯里蘭卡史的《島史》和《大史》，在五世紀前半期時即完成，其後至十八世紀時又加寫的《小王統史》。這些不論在佛教史上或是政治史上，價值都相當地高，經常被參考。

　　在北印度的克什米爾打下堅固根據的有部，約花了二百年的時間，註釋了《發智論》，同時並完成了敘述新的教學的《大毘婆沙論》。書中介紹了許多學說，並給予嚴格的評斷，光是玄奘所譯的部分就多達二百卷。從中亞征服到印度中部一帶的月氏王朝的卡尼西卡王（約 129-153 年在位）的名字在這部《大毘婆沙論》中亦被引用，卷末玄奘的「跋」中即說：佛陀圓寂四百年後，克什米爾的卡尼西卡王召集五百位阿羅漢（受尊敬的完成修行者）結集三藏，此書相當於當時的論藏。而毘婆沙是註釋之意。

　　這部書由於太過於浩瀚，諸說羅列太多，有些缺乏組織性，因此繼這之後，寫作了較為簡潔的敘述，有系統地說明有部學說的綱要書。以有部的學說為體系的簡潔敘述的綱要

書完成，漢譯有《毘婆沙論》、《阿毘曇心論》等。

　　其後，卓越的論師世親（約 400-480 年，另一說為 320-400 年）出現，寫下了最優秀的論書《阿毘達摩俱舍論》。他起先學習有部，此書包含有韻文六百頌，被認為是《大毘婆沙論》最好的綱要書，博得有部人人的稱頌。但是世親其後轉到經量部，把考察大眾部說等加入，從「理長於宗（根本）」的立場，把具有批判色彩、非常長而詳細的散文寫於這同一部書中，它的漢譯有兩種（玄奘譯三十卷、真諦譯二十二卷），此外也有西藏文譯本，一九六七年也刊行梵文本。

　　這本《俱舍論》所談論的不光只是對於一、二部派的教說，而是把佛教學全般的基本與各領域的精髓，很適切地傳下，其著述至今傳誦不絕，並廣為印度、中國、西藏、日本等的佛教者所閱讀，成為全世界佛教學者的必讀書。而世親其後又轉到大乘佛教，著有我們後面會講到的關於唯識方面的知名著作及其他的書。

　　為了反駁《俱舍論》中對於有部的批判，因此有部眾賢著作了《阿毘達摩順正理論》八十卷，強調有部說，另外並著有《阿毘達摩顯宗論》四十卷的著述。儘管如此，《俱舍論》還是廣為人所閱讀。有數種註釋書問世，而承襲其內容的論書有《阿毘達摩狄巴》（僅有梵文本）。

　　除了巴利與有部系的完全論藏之外，還有法藏部的論書《舍利弗阿毘曇論》三十卷，以及經量部系的訶梨跋摩（250-350 年時）的《成實論》十六卷等，經由漢譯而被保留下來。

而這些以外的許多部派的多數論書，雖由玄奘帶回中國，但除了玄奘譯的有部與大乘的經與論（此外還有印度哲學的論書），其他的都失傳了。

還有，部派的分裂與各各教理的大要，則在有部的世友（與《大毘婆沙論》的大論師世友不同人）所著的《異部宗輪論》（或譯為《部執異論》、《十八部論》，西藏文譯）裡有所記載。

三、大乘佛教運動

大乘佛教成立前的各種活動，這裡稱為「大乘佛教運動」。大乘佛教的成立和其活躍，不僅使得佛教史的內容更為華麗豐富與興盛，更誇大一點地說是使佛教一躍而為世界宗教的主要原動力。中國─朝鮮半島─日本，以及西藏的佛教，亦即北傳佛教，雖然也包含著初期經典或部派的論書的一部分，但大都是清一色的大乘佛教，尤其是日本與西藏的佛教，雖說各自的源流、形態都顯著不同，但僅大乘佛教興盛至今日。

然而，誠如下面所示，大乘佛教與釋尊（喬達摩・佛陀）直接說的教示（金口說法）相隔遙遠。而且，在這之前已經有印度、中國、日本等各地提出「大乘非佛說」（大乘並非是佛陀說的），而很明顯地只有大乘佛教自己對此提出辯明；此外，部派佛教對於有關大乘佛教的任何事則不發一語，似乎從不把它當一回事似的。儘管如此，從大乘佛教不外乎是指「大乘諸佛的教說」這點而言，必須把「大乘非佛說」訂正

為「大乘非釋迦佛說」才行。

　　同時，大乘諸佛是以釋迦佛之說（其中的一部分）的某種形式繼承發展的，所以用「大乘佛說」也是正確的。把若干大乘經典特別提出冠以「佛說」（例如《佛說無量壽經》等），便是基於上面所說的事情吧。再者，大乘經典完全保持與初期經典的同一形式，已經在數百年以前死亡的佛弟子（舍利弗與阿難等），書中也都採取與佛一起登場的寫法。不過，就如同上面所說的，要從大乘經典直接探求初期佛教乃至釋尊的教說，畢竟是不可能的。

　　大乘，是馬哈雅那 (mahāyāna) 之譯，馬哈是大，雅那是乘之意，原為指示「教」（教示）之意。也有許多譯音寫為摩訶衍。最初使用大乘之詞的是《般若經》，之後，「大乘」一詞便逐漸普遍化。與大乘相對的小乘（希拿雅那）一詞的使用，時代較晚，使用的範圍也有限，內容上大都只是指有部。而把一般部派（甚至連初期佛教也包括在內）都稱呼為小乘的是中國（與西藏）的佛教者，在印度看不到濫用「小乘」此一稱呼的情形。小乘的貶稱，除了特殊的例子以外，最好避免使用。

　　若指出佛教內外的各種事情，則作為大乘佛教成立之前身的大乘佛教運動有重要的三點：

　　⑴孔雀王朝崩解後，西北印度發生了大混亂。也就是，在公元前二世紀時希臘的諸王接連入侵印度，各自建立王朝，之後又有沙卡族（塞族）、安息人，然後到公元後一世紀月氏

亦在此建立大帝國，這個帝國持續至三世紀中葉。

　　南方印度因為印度人的安得拉帝國長期執政而得以保持印度文化，此外，雖然也有像月氏王朝的卡尼西卡王那樣，支持佛教並保護佛教的統治者，但受異民族統治的北印度或西印度的民眾，還是得忍受被掠奪或暴政的痛苦。這種情況，在印度的大敘事詩《摩訶婆羅達》的一部分裡傳下，痛切地吟詠出印度人所蒙受的悲慘遭遇：外來的野蠻人，製造暴亂狼藉不堪，使人產生憎恨、傷害、偷盜、搶奪、殺害等，染上這種殘暴無情的習性。這種情形，在完成年代較晚的初期經典（例如巴利《長部》中的一部）裡也有記錄，而可推察出不久從這開展出的佛教「後五百歲說」。

　　後五百歲說是以每五百年為一個區隔，佛教從正法—像法—末法—法滅來如此推移之說。在佛教的「教」（教示）、「行」（實踐）與「證」（覺悟）之中，這三者具備的即是正法。像法，是「證」消失；末法，則連「行」也消失，僅殘留著「教」而已；法滅，便是一切都完全消滅了。這五百年之說，也有一說是千年。後來，「末法突入」的說法盛行於中國（南北朝末期的 552 年）或日本（平安中期的 1052 年），便是基於這種史觀而來的。

　　但是，外來民族入侵後，縱然有著種種的暴行，但隨著統治時期長了，各自的文化、經濟、思想等，也自然而然地相互交流。在上面所說的這個時代，印度的文化流傳到西方、中亞及其以西，甚至希臘到羅馬等東歐的種種亦流傳到印度

來，彼此相互影響著。此外，外來諸民族轉而皈依佛教的例子也不少。而當時的印度，在外來政權的影響下，種姓制度（世襲階級制度）的規定鬆弛，因此，個人的活動也跟著自由與解放了。

　　⑵出家者各閉居於部派內部，精勵於修行與勤學，佛教專家的色彩更加濃厚。皈依出家者並保護支援出家者的是：當時的王族、有資產者，或工商業者。他們對教團捐建寺院、窟院、佛塔、精舍、伽藍，或是捐獻土地、財產等。

　　於是僧院所屬的土地等於莊園，其各種活動免課稅，教團成員的生活安定，出家者更能專心於完成自己的所願。在這種情形下，佛教的教學，以阿毘達摩而興盛，體系日益雄大與精緻。但是，卻越來越煩雜，致使佛教的教學為一些精英專家所獨佔，這種情形與歐洲中世的教會與經院哲學近似。

　　相對於這種情形，在家信者活躍了起來。遠從釋尊時代以來，在家信者便從布施僧侶早餐等，與出家者日日接觸，支持出家者的生活。更於釋尊圓寂時，將其遺體火化（荼毘），然後把佛舍利分成八份，並建立紀念的佛塔，這些都是由各地的在家信者所做的。

　　佛塔，巴利語稱為「塔巴」，是把佛或聖人的遺骨、遺品等埋葬後，用磚頭或土砂塑成土饅頭型的一種紀念塔，其比大多譯成「塚（岩窟）」者的規模要大。其建設從佛教或耆那教那裡可以看到，而公元前二世紀以降約數百年之間格外昌盛。

　　佛塔之中最宏偉者，為遺留在印度中央的桑濟。以公元前二世紀建立的大塔為中心，周圍環繞著稍晚才興建的欄楯與四方的門，上面都刻有以釋尊的前生譚或佛傳等為主題的精密的浮雕。在這之後，巴爾弗特、布達雅、比爾薩、安吉爾、巴達布拉、西方的塔克西拉各地，以及南方的那加爾濟達等地亦陸續興建佛塔，到現在為止發現的有六十座以上。顯然過去建設的佛塔或塚比這些數量更多（因為曾經遭受後代伊斯蘭教的破壞），這些佛塔一隅的碑，其碑文已多數解讀完畢，一些捐獻者與建塔的目的已大多能明瞭。

　　佛塔在東南亞演變為石造者居多。在中國或日本則是寶塔的型式，中國是以土與木建造，而日本則是木造的，有數層的飛簷，造型優美。

　　除了佛塔之外，在印度南部的特肯高原也開削了窟院（列那）。窟院位於深山裡，因此逃過了伊斯蘭教的破壞，現存的有二百所以上，其中約有百分之七十五曾經屬於佛教。這些是在公元前二世紀時開始興建的，其中不乏令人驚嘆的精巧作品，尤其是阿旃陀與厄洛拉之作頗負盛名。此外窟院也有禮拜堂與僧院兩種型態。

　　佛塔與窟院的建造，都需要相當多的費用，身無一物的出家者無法負擔，碑文或銘文刻著資產豐富的在家信者的捐獻。捐獻錢財的男女之數大約差不多。順便提一下，印度自古以來（佛教登場以前），輪迴轉生的思想便廣植於民眾的心裡，他們相信死者在七七四十九日以內會變生為五、六種生

命體（薩德、薩達，譯為眾生或有情）之中的某種生命體，並回到這個世界，因此，一般人把遺體火化之後撒入河中，流去而不祭祀，因此並不設墓，也無類似墓地的建築存在。

佛塔構築後，需要管理、維持、營運，這些均委由在家信徒去做。從律藏來看，巴利律完全未觸及佛塔，漢譯的五種律也都禁止出家者供養佛塔，而把與佛塔有關係者與出家教團明確區分開來。

如此情形的戒律，並不能約束自主性佛塔的營運，從在家信徒自由的構思，例如舉行祭典，或趕集、廟會等，顯然會吸引附近的信者，或朝拜聖地的香客前來，因而佛塔促使經濟繁榮可想而知。不久後，佛塔的營運也稍專門化，實際情形雖然並不清楚，但據臆測，可能是一種既非在家信者，也非部派的出家者，而是出現了一種非僧非俗的佛塔管理者所展開的特異而強有力的活動。但是，這不可能立刻與像是初期大乘佛教活躍的法師（達摩巴那卡）有關聯，可以說只是一種獨特的前衛性運動的推進。如後所述，據初期大乘經典看來，當時的出家者並不插手佛塔的管理與維持，而是轉向經典中心的鑽研。

⑶隨著佛教的擴大與普及，必須對很多信徒傳達思想，因此不斷地舉辦種種文學活動。這些大致可分為讚美佛的文學與佛的傳記文學，而兩者又常常混而為一。

讚美佛陀的文學，例如巴利小部裡，有由五百四十七篇逸話所構成的《本生經》，或包括三十五篇逸話的《所行藏》。

　　這些都以釋尊（有時是佛弟子）的前生（也說是本生，所謂前世）為主題，大概是從當時民眾廣知的寓言或傳承等得到啟示而構成的故事。其大約是根據佛教思想史上所記載的：由於釋尊的前生，獻身乃至捨身為人等的種種救濟他人的善業，所以其果報得以今世生為釋尊（或佛弟子）。其故事的主人翁，包括君王或成仙的人、鹿、大象、牛或猴子，以及其他獸類或鳥類，神或夜叉（特殊的半神）等，都是民眾所熟悉的。《本生經》之類的作品，其後仍然不斷地產生，一直至大乘佛教的初期、中期。

　　佛的傳記文學，是把釋尊從誕生至圓寂的過程當作文學作品來描寫。

　　初期佛教對佛的傳記幾乎不關心，各種經典裡僅若無其事地提及釋尊自傳性的回想，或所體驗的一鱗半爪。而律藏裡有釋尊、佛弟子或教團的因緣譚。由這些發展而完成了有明顯傳記意圖的作品，並在其中把釋尊超人化及神格化，附加創作種種的神蹟。

　　此外，之前提過的九分經的「未曾有法」，或十二分經的「譬喻」與「因緣」，及在巴利裡譯為「譬喻」的，均把多數的比丘或比丘尼的傳記加以美化。

　　最著名的佛傳文學，是大詩人馬鳴（Aśvaghosa，50－150年時）的《普達濟利》（*Buddhacarita*）（佛所行讚）。此外，大眾部系統出世部的《馬哈維斯特》（大事，編輯時間相當地長），其中亦包含著教理。而這兩部佛陀的傳記，並非巴利文，而

是由梵文寫成。

佛的傳記在這些過程中被類型化，而有八相成道之名。

所謂八相成道就是：⑴前生的釋尊在兜率天，⑵釋尊從摩耶夫人（釋尊生母摩耶）的右脇入母胎受孕，⑶從其右脇誕生，走七步，右手向上，左手向下，宣言：「天上天下唯我獨尊」（巴利文：「世界上我最勝。」（根據這些創作了後代的誕生佛），⑷出家，⑸苦行之後降伏欲誘惑妨礙其進入禪定的惡魔（降魔），⑹成道，成為佛陀（覺者），⑺轉法輪，說教，⑻圓寂。以上便是八相成道。

除了把佛陀神格化之外，其他還有例如三十二相（後來加為八十種好）：頭上長著螺旋狀之髮（螺髮）、金色的身體、手指之間的蹼等等被創作出來，此外，佛陀所具有的十八不共佛法（不共，是指並非一般人共同都有的，僅佛陀獨具的）被說成包含著十力與大悲。

從以上種種來看，可推想這是由想像力豐富且新穎的文學家們參加佛教所致，他們是以文學上的效果為最主要的意義，而自由構想、創作出來的。這些作品顯然未必受到佛教教義之限制，與其撿拾教義的片斷而創作，反不如近乎門外漢的寫法來得成功。同時，一旦這些型式與框架被決定了，便幾乎固定了同類主題的相同故事、作品，且反復顯著地出現。

總之，由於讚美佛陀與佛陀傳記文學作品的影響，一般印度人對釋尊感到親近，擴大其關心，促進了佛教徒急速增

加，這是無庸置疑的。

顯然地，從釋尊（釋迦佛）的前生譚踏出一步後，具有別的名稱的佛陀被豎立了。首先產生在其前一代的迦葉佛的稱呼，再歸根到底上溯其前生，便溯及到最古老的毘婆尸佛，而有所謂「過去七佛」之說。這「七」的數字據說是受到《黎俱吠陀》中「七仙人」之說的影響而來的。這「七」或也被解釋為可能是表示第七佛（即釋迦佛）的巴利語「伊西·薩達摩」（仙人的上首）。此外，比迦葉佛早一代，相當於第五佛的「拘那含佛」的名稱，亦被刻於阿索卡王的碑文中，這可以傍證過去佛信仰之古老。

以過去七佛為主題創作的經典，可從一些漢譯的單經而得知其種類；還有，包含於巴利《長部》與漢譯《長阿含經》的「大本經」中所講的也全部是這個故事，並指出釋迦佛具有七佛歸一於釋迦佛的特質。

然後，「過去佛」之說被反轉，變成了「未來佛」之說，而這個佛則被稱為彌勒。彌勒佛與已經圓寂的釋迦佛的前生一樣，現今都在兜率天，要等地上經過五十六億七千萬年後再降生塵世。而在尚未降生的期間，不適合用「佛」的名號稱呼它，須用菩薩——彌勒菩薩之名較為適合。

從現在佛擴大為三世之佛：現在、過去、未來，其時間觀念可以說無限延伸，空間上也擴大投影，在東南西北的四方建立佛，現在成為多方佛。這種思考不久在部派的一部分裡萌芽，尤其是進步的大眾部，發展到十方世界多佛說。這

種新的諸佛的出現，脫離了釋迦佛，成為導向大乘諸佛——大乘佛教之成立的一個重要的根源。而保守的上座部系一直嚴守釋迦一佛，現在的南傳佛教，一佛觀念仍然不變。

四、大乘佛教的登場

如前面所述，各種條件及其他因素的錯綜複雜下，部派的出家僧教團更加專門化，而另外帶著革新性格的各種運動，在長久的時間裡，明顯地在印度各地生發、成長、推進，而終於宣說出「大乘」（馬哈雅那）。

這是向部派，尤其是向熱衷於完成阿毘達摩體系的傳統保守的有部（一部分是大眾部），以及雖然多方吸收卻仍固執於阿毘達摩的執著態度，加以激烈批判甚至譴責的動作。

而從初期佛教到部派佛教的精英，大都熱衷於完成個人——自己——的修行，因此，外來的異民族統治，對他們來說反而是一種轉機，當對自修深感無力的同時，卻發現了一些與自己殊途同歸的一群人。他們彼此協同合作，對於以前只注重自我、很少思及自己與他人之間相互救濟之事，開始以此為主題深刻地思考論究。傾注畢生的努力以達到使人脫離煩惱或苦海的目標，有時顯現出具備絕大願力而成為普渡眾生者，可以看到很多這些精英竭力實踐信念的例子。

無論如何，在這之前的佛教內容，類似這樣的理念僅是隱約可見的一鱗半爪，但在大乘佛教運動中被大書特書，再被擴大，徹底結晶為一種理想，促使該運動壯大興盛，終於

以大乘佛教的種種形式而發展開來。

　　大乘佛教運動的推進，雖如前述與在家信者熱烈的信心與自由的發想有關係，但完成經典創作偉業的，無疑地還是由於學習部派教義的出家者，他們以無名的大乘諸佛的身分而活躍，完成諸經典，其中一部分人是所謂的有名的諸佛，或是離諸佛只差一步的大乘菩薩，但這些大乘諸菩薩，與從初期佛教到部派的釋迦一佛同類的釋迦一菩薩（佛傳的菩薩）根本不同，而是更普遍化為所謂的「凡夫的菩薩」，他們並非僅以自己的鑽研為目標，而更擴大希望能兼顧其他一般人。

　　大乘佛教的理念——若以理想為各個要項而言，大約如下：

　　⑴新諸佛與諸菩薩。

　　⑵「空」的思想，以及與其關聯的六波羅蜜，尤其是般若波羅蜜。

　　⑶救濟與慈悲，廣義地說便是利他。以及與其關聯的誓願，與迴向的新的展開。

　　⑷一種現世的志向，同時與對彼岸的希求。

　　⑸強調信仰。

　　⑹三昧的淨化。

　　⑺壯大的宇宙觀。

　　⑻窮究自己的心。

　　⑼重視方便，也就是手段。

　　⑽某種神秘化，這受到自古以來的傳統，或當時的各種情況及土著文化的影響等。

　　以上所說的每一項，都揭示了一種或數種理念。首先是初期大乘經典接連登場，在本書的第二部將列舉各經典的經名來論述，但頗值得玩味的是，諸經典在出現時大都各自獨立，除了一部分例外，互相有關聯的非常少，各自具有非凡的特質。

　　不過有人認為，是部派之中屬進步派的大眾部朝向大乘佛教發展，理由是大乘佛教從成立到繁榮，被證實到後代仍有大眾部的存在事實。此說在今日則不被承認。

　　初期大乘經典的產生，雖然其中對部派（尤其是有部）有強烈的批判、譴責，但部派完全沒有反駁，大乘佛教則單方面地、反覆持續地強調自己教說的優越，此舉相當引人注目。如前所述，在印度，部派繼承著佛教的正統地位屹立不搖，但大乘佛教，在初期、中期、後期，不斷地產生如上所說的(1) － (10)種種新思想、新學說，使得佛教的內容日益豐富，進而對世界思想有很大的貢獻。

　　其中，尤其是在初期大乘經典備齊之後登場的龍樹（150–250 年時）所確立的「空」的思想及其論證，帶給佛教——尤其是大乘佛教——一種值得誇說的極其徹底的關係主義（建立在複雜的相互關係之說，也可以說是特殊的相對主義）的哲學思索的頂點。因為他的出現使得初期大乘達到巔峰，所以一直到四世紀初為止稱為中期佛教。

　　若從後代來看以上的時代，就如同看見了部派及初期大乘的競賽情形，它可說是印度佛教的最盛期。

第三章　後期佛教

一、大乘佛教的中期與後期

　　公元 320 年，在摩揭陀發跡的笈多王朝興起，不久便征服全印度，建立了孔雀王朝之後初具統一的國家。這個王朝有極其濃厚的印度色彩，所謂印度正統的宗教、哲學、文學、藝術、法典等，在這個時代豐滿華美地開花結實，印度古典的精華盛極一時。隨著這種情形強力地浸透入社會，佛教的信徒，相對地快速減少。因為這個時代佛教失去其勢力，所以本書把從這四世紀初期以降，劃入印度佛教史的後期佛教。這時代的前半為中期大乘，而七世紀以後的後半是密教與後期大乘，在這整個後期佛教中並有幾種部派佛教在印度流傳。

　　大約從四世紀到六世紀的中期大乘佛教，因為初期大乘最盛時的餘波依然頗強烈地延續著，尤其是如來藏（佛性）、唯識、佛身論等名為三身說的三種說法，如結晶般地被結合起來。它們均分別顯現出：在初期大乘所表現的積極向外性逐漸消失，而變成內省的、消極的，展開以宗教的、哲學的、佛教思想所達到的一種高峰樣式；而且各種論述朝向體系性發展。

　　初期佛教重視心，其說法是心的本體乃是清淨的，並主張心的作用能使一切萬物展開。以這個觀念為起源，進一步

引伸，便有種種論說一再地出現，之後，如上面所說的，由前者（心的本體）衍生出如來藏思想，而由後者（心的作用）衍生出唯識說。

　　如來藏又稱為佛性，認為一切眾生（有生命者）是平等的，這種佛教的基本立場，也有可能是印度的土著思想與阿特曼說的反映。佛教教導人：眾生有如來或佛的素質，與生俱來地存在於人的心裡。這種觀念在中期大乘的經論裡被提出後，沒持續多久便從印度消失，但從後代密教繁榮，並不斷宣說「即身成佛」可知，其背後隱藏有如來藏思想。

　　再者，如來藏說在中國佛教以及大部分的日本佛教裡，因為其肯定性，故大受歡迎而格外被重視，並成為佔據佛教教學與實踐的中樞位置（但西藏佛教則缺乏如來藏說）。

　　唯識是密切注視困擾著人的諸多煩惱，並窮究這些煩惱，把一切存在的對象歸納於各人面對的表象，清楚地弄明白表象的投影除了外界的事物之外無它。這便到達一切的認識、意識之底──潛在的阿賴耶識，其由瑜伽實踐者的瑜伽行派的瑜伽體驗證實而一體化。同時，前導唯識說的《解深密經》，有「五姓各別」（強烈的不平等思想）的教義，為了達到佛教的平等目標，必須由「空」的思想來逆轉。

　　如果再更誇大地說，如來藏說往往追求理想的普遍性，唯識說則有針對現實的個別性傾向（但兩者都旨在追求領悟自不待言），而若再以像中國的古代思想那樣很籠統地來表示，則如來藏類似性善說，唯識類似性惡說。

　　唯識的分析理論，以學問而言是極精緻的，在其教學上，不久便由優秀的學者們構築而發展出認識論，並因應其必要，而充分表現為論理學。而且，唯識說的學者們不可避免的，與在四世紀以降壯麗地展開的印度正統哲學（其中有六種學派，稱為六派哲學）的諸賢人發生論爭，經過論爭後，雙方都有一大躍進。

　　佛身（佛的身體）論，在釋尊圓寂後即興起，從初期佛教到中期佛教，始終僅著眼於釋迦佛的二身說（即亦稱為色身的肉身與以法為體的法身），但之後迎接了多數的大乘諸佛登場活躍的場面，後述三身說便跟著展開，尤其在瑜伽行派中更是被理論化了。

　　這三種思想的詳細情形，將在第二部裡加以說明。

　　七世紀以降的後期大乘，一部分是密教，因提倡「方便」之類而受重視，另一方面，龍樹所說的「空觀」再興，被稱為中觀派。中觀與唯識思想的出現，適逢當時正昌盛的印度正統諸學派，無可避免地有著多方面的論爭與混戰，而中觀與唯識不僅在學術上佔著很大的比重，之後傳到西藏，中觀派更獨佔而成為西藏佛教的主流。

二、密教

　　自古以來印度即盛行咒術或密儀，它們有許多流入婆羅門教與印度教混合存在。但釋尊所說的初期佛教明確地把這些摒除在外，經常以充滿知性的要素開導眾人，並由部派佛

教傳承下來。

　　大乘佛教的先驅運動，當時受到廣泛民眾的支持，民眾中有的直接希求現世的利益，有些更希求心靈的慰藉。而嚴格排除這些希求的初期大乘佛教內部，卻因這些希求而與印度土著的咒術活動結合親近，不久便加速浸透融和。

　　例如，「知」（明，智慧）的表示也罷，或「直觀知」的表示（譯音為般若）也罷，兩者不久都帶有「咒」的性格了。而且，大乘佛教廣泛的包容性，把這些也逐漸吸收於其中。

　　大乘佛教長時期被傳承下來之後，其教義便漸失獨創性與新鮮，略顯停滯氣氛。不久，教義的魅力相對地減弱，同時，新被採用的「咒」在各種活動顯在化，終於獨立而形成密教。

　　梵語並沒有對密教的正式稱呼，而只有以種種名稱來表示，由此可見密教在印度的情形。但研究者則稱其名為「純粹密教(純密)」，而把以往帶有種種咒的諸要素命名為「雜密」，以明顯的區別。

　　表示密教的梵語如下：⑴怛特羅之語包括印度教，在印度一般流布，而且起源、內容、性格都模糊不明，難定義。⑵曼特拉雅那（真言乘）。⑶瓦朱拉雅那（金剛乘），起源不明，很晚才固定下來，偏於一部分。⑷薩巴雅那（俱生乘）。⑸卡拉察雅那（時輪乘）等，這是後期才有的稱呼。以上這些名稱並不能完全代表全體密教。

　　受到密教的影響，後期大乘的中觀、唯識兩派不久便統

合，並與別的流派的諸部派並立，在印度部分地區繁榮興盛，之後，正面受到伊斯蘭教的壓迫，而移轉到西藏。此外，在七世紀時密教的根本聖典（《大日經》與《金剛頂經》）成立不久即傳至盛唐，以此密教根本聖典為依據的真言宗，不久便由空海傳到日本。

而由諸宗派所成立的日本佛教，其中大部分若撇開基本教理或實踐不談，則都以某種形式混著密教直至今日。

第二部

印度佛教的思想史

從自己的心發出而追求的欲望，

終於達到了滿足，但也在當下自然地消失了。

而這欲望的消失，絕無法假手他人，

欲望從這個生命體之中產生，

很清楚地一定得透過自己去否定才能使其消失。

因此，

欲望這種想望，正是否定的，而且是自我否定的，

也是矛盾的，而且是自相矛盾的。

關於佛教思想史

　　按照本書第一部的時代區分，下面接著敘述印度佛教思想史。初期佛教照前述的處理，中期佛教再分為部派佛教與大乘佛教，接著以中期、後期大乘總括，合起來分為四章。

　　書中並不特別強調這樣的區別，雖說區分為四章，但各章整體統括佛教思想，使佛教思想史一貫。

　　例如在初期佛教所舉出的各種項目：心、苦、無常、無我、中道、四諦及其他，這絕非僅是初期佛教所論及的問題，而是在全佛教裡不斷被提到的、根本的、最受重視的問題。又如部派佛教處處提到的「業」，或初期大乘佛教論及的「空」等，在佛教思想史上也是經常被提到，情形亦相同。

　　而中期大乘的如來藏（佛性）或唯識，將不會像前面一樣只有提到術語而已，不論是在內容上或新方法的研究上，其教說如同本書在該篇章所詳述的，繼承了初期佛教、部派、初期大乘的各種思想，在其展開上，除了引用嶄新的術語之外也明白揭示了其理論化的過程。

　　在這樣的結構安排下，這第二部所提出的各個篇章，都是挑出重要的佛教思想，同時貫通透徹佛教全體。

　　在編排上就像這樣維持一貫，而且可以看出每一時代種種思想的展開或強調，再佐以新的解釋，或其他的說法，就像本書的「前言：四、佛教的特質⑶」中所述的佛教的多樣

性（對機說法），如此方能符合其論說的活潑，充分顯現佛教避免獨斷，經常保持某種自由的思惟方法。

　　尤其是關於宗教思想，通常一切都涵攝於其宗教的開創者，後代的種種教說，不外是經常接近開創者之人物的一部分言行的展開，後人這種爭辯的說法很多，因此而有「耶穌的歸耶穌」之言，同樣的，在佛教上也有「佛陀的歸佛陀」、「回歸釋尊」的論調，在佛教史上幾次的被反覆提起。如此宗教的特殊情形，而有「科學越新越好，宗教越古越有價值」的諺語。

　　但是本書與此不同，避免把一切都歸於開祖（佛教的開創者）釋尊的敘述。當然，若釋尊未在這世上出現說法，佛教也不存在。從這個意義來說，開祖釋尊便是出發、根基，這是毫無疑問的。的確，佛教的源流是從釋尊開始，但是蔚為大河，悠悠而流的各個場面，顯示出了種種的形狀和活動情形。然而，這些現象不只屬於空間、風土性質，而應該更顧及時間和歷史因素來處理，因此，在這第二部中，重點放在歷史上，以佛教思想史來論。

　　再者，以下各點也必須加以考慮，已有一世紀多歷史的佛教文獻學，本來是發源於歐洲，不但在歐洲繁榮，同時更擴展至全世界各地，收到了許多顯著的成果，也積下不少研究成績。然而，其中的一個結論認為：釋尊的直接教說（所謂的金口說法）要從傳至現在的各種文獻中明確指摘出來，實在極其困難，可以說是不可能的事。

若要對初期經典在形式上加以綿密探索，以判定新舊之別，這是可能的，現今也正在這樣進行著。這種方式是佛教思想研究上必要的條件，並且，已有這方面的各種卓越成果，但是其研究的解說，是否及於整個釋尊，則仍然有疑問。

現在關於釋尊的思想，即使是不得不經由文獻學的研究以做出一些記述，但其記述仍然不外是依據記述者（研究者）本身的研究態度，與其累積的心得直接反映出來的。因此，所記述的不是屬於釋尊的，反而是屬於該記述者或研究者的，這已是很明顯的事。

對於要依據文獻學來研究釋尊，如此嚴苛的現狀已廣為大家所熟知，而本書以下所要論述的初期佛教的思想，是先蒐集一切有關的各種資料，盡可能的做學術上的檢討，依今日的學界粗略約定所說的各種成果來記述。

然而，如上述，本書不僅有研究者的解釋，也難免帶有我自己的許多解釋，有時其解釋會受到處理的各種資料所左右、導引，因而難免成為記述中的特寫，所以我必須再次強調，對於佛教，尤其是對於初期佛教思想的解明上，不得不採用我個人對佛教研究的形式和內容來著筆。儘管如此，本書的記述，採納長久以來廣大高築的佛教文獻學的方法論和各種成果，我已盡量努力不偏離其軸心。

再者，與這困難的研究課題相關聯，佛教的內部有不可避免的重大論題，而這就是如何處理在佛教術語所出現的「一切智者」的問題。

對這個論題，即有歐洲中世紀的基督教與士林哲學的關於神之全智、全能等之論題，由安瑟姆、多瑪斯・阿奎那、威廉奧坎，以及其他現代的邏輯學者針對邏輯學上的矛盾問題反覆加以論究。

在佛教上，一切智者的問題已為時古老又長久。此語早在記述釋尊生涯的所謂「佛傳」的最初即出現，亦即在釋尊對五名比丘最先的說法（初轉法輪）之前，已有釋尊親自向異教徒優婆迦宣言「一切智者」（包括一切勝者、無師獨悟等），這記載有五種古老的資料以韻文傳下。

而且，這個一切智及一切智者的主題，在其後的佛教史中亦不斷地被論及。

例如，在部派佛教最重要之書的《俱舍論》（破我品），或初期大乘的《般若經》的各種書上也反覆被提及。尤其在後期大乘，七世紀的法稱，或八世紀的寂護大論師，以及其後的論師們之間，興起了連印度的正統哲學亦被牽涉其中的爭論，其中對於「一切智者」的論證原委，最近已被明確證實了。

總之，把釋尊或佛陀，尊崇為「一切智者」的傳統信仰，從印度佛教（以及繼承它的西藏佛教）中可以明確看出。但若如此墨守，便必須如上述，把一切佛教思想史的發展，都回歸於其起發點的釋尊身上。

而在日本佛教，也並非沒有「佛陀的歸於佛陀」的聲音。但是，日本佛教的性格，自從奈良佛教以來，尤其是平安時

代佛教以後，特定的宗派佛教在日本各地普及。因此，比這種主張更強有力的希望回歸於各宗派開創者之宗祖的口號，不斷地被提出來。例如希望回歸於：最澄、空海、法然、親鸞、榮西、道元、日蓮的口號不斷地被提出，到現在依然如此。

上述的情形，佛教徒深信這是應有的態度，而可以說該討論的問題都已討論過了。儘管如此，本書的記述並不受這些說法的影響，把一切智、一切智者、各宗的宗祖，都當做滔滔佛教思想史上的一種說法，來論述佛教史的成立、興起、發展。

至於上述有關基督教方面，情形也一樣。亦即，安瑟姆、多瑪斯‧阿奎那、威廉奧坎等所謂的士林哲學的系譜，是如同常常被說到的把做為神學侍女（原是十一世紀彼得爾士‧達米亞尼所說）的中世哲學，從神學的枷鎖解放出來，做為獨立的哲學體系，由壯大而縝密的邏輯所確立。這些最傑出的士林哲學者更是家喻戶曉。也由於他們的努力，信仰與哲學緊密連繫的士林哲學，才得以完成。

同樣的，具有分析與綜合知性最強而光芒四射的《俱舍論》的作者世親，與更後期的法稱、寂護等，也在上述的論證方面十分活躍。而且，這些完整的論理體系的確立，不論是在基督教世界，或是印度佛教史上，均出現於正在走向衰退之前，是頗值得玩味的事。

至於上述的「回歸開祖佛陀」、「回歸教祖」的聲音，除

第一章　初期佛教

一、基本的立場

　　我們先依巴利五部與漢譯四阿含討論有關以釋尊為始的初期佛教，探討其基本立場，之後，再敘述佛教的諸術語所帶出的各項理念。這種基本的立場在以下的各項目，以及整個佛教，都是一貫的。

　　初期經典裡所示釋尊的教說，由釋尊方面主動提示的例子很少，大部分都是採問答的形式，由造訪釋尊者提出問題，釋尊回答其問題。而因為人們所提出的問題多姿多彩，釋尊以臨機應變的方式，經常挾雜著比喻，適切又溫和地回答。因此，從這點而言，對機說法——依對象而採用不同的說法方式，的確是初期佛教中明顯的特徵。

　　在這種問答上，釋尊並非教人一種能夠即時排除詢問者現實苦惱的直接處置或方策，而是提供面對現實苦惱的方法與態度。根據所傳下的各種資料，可看出釋尊以及初期佛教均以現實為中心、並重視心靈這兩種基本立場。在這裡，我們就先針對以現實為中心的問題來加以論述。

　　經過上述這樣的一問一答，說起來並沒有外部或其他的特別變化，一切現實苦惱依舊沒變。儘管如此，發問人在沒與釋尊詢答之下，突然發覺自己的苦惱其實也不是什麼了不

得的苦惱，不知不覺中其苦惱便在自己的心中消失了，而帶來心境的安寧。各種資料都描述著這樣的進行模式。

釋尊對眾生的回答是樸素的，完全沒有像吠陀聖典或婆羅門教的說法那樣，具有超能力的神，也沒有主宰創造宇宙的神、管理宇宙運行的神、以及具有祈禱、咒術或魔力等神祕性，或甚至像《巴尼夏特》(《奧義書》)所示宇宙與人類的根源那種原理，這一切都不出現，甚至是排斥這一切。總之，排斥一切奇異而超自然者，即使是與此類似者也都看不到。

後世佛典所說的種種神通，以及釋尊圓寂後於初期經典中，逐漸增加、出現的超人化、神格化的釋尊形象，這些都是印度人富於空想的特性所附加粉飾的產物。即使把這些虛飾的部分完全去除，釋尊的偉大絲毫不變。最初期的佛教經典，根本不言及這種虛構的事，釋尊不論行動和談話，均與一般現實生活中的人物無異。

眾生的發問是出於這種現實，釋尊的回答也符合此現實，希望達到解決現實上的問題。釋尊和佛教，經常面對這種現實，問答與說法，也都是站在不脫離現實的立場，因此可說這是以現實為中心的作風。

但是，這種以現實為中心的作風，與認為外界的現實與內心意識是獨立存在的「樸素實在論」不同，也不同於與功利主義和剎那主義有關聯的現實主義，更不是身處日常卑俗現實中，只沉湎於追求滿足現實的欲望，毫無目標，忘了理想，既無根本志向，只貪安逸率性的現實主義。

　　佛教以現實為中心的作風，並非消極的、會遭受負面批評的；相反地，可以說是非常積極的以現實為中心的。

　　的確，人活在這現世，心裡難免有種種的苦，對於世俗的欲望（煩惱），會一時性地矇蔽其清明的心。而佛教說的以現實為中心，是面對其苦，消滅其苦，對於頻頻誘人的欲望能有所自覺，就在這現實的世界裡克服它、超越它。

　　這是對於理想境地的涅槃（絕對的安寧），以及與涅槃同義的解脫，也就是究竟的解放、自由，希望能在這現實裡獲得，鼓勵人們朝向這目標而精進努力，確立其心（主體），同時能從其過程中所產生的種種執著裡解放出來。這種以現實為中心的說法，被再三強調，並日日步向其實現。

　　強而有力地支持著這些說法的是佛教的宗教性。如前所述，作為宗教的佛教，告訴人們人要有理想，至少要有志向。這不僅勉勵了當時的印度人，甚至鼓舞了全人類。佛教自始至終是以這樣的現實中心為作風。而且就在揭示其理想的同時，佛教開始有了宗教的面貌。各種經文，不是旨在處理現實，而是引導現實並在崇高的理想下展開諸教說。這種情形若以宗教哲學來表現，則是徹底的立根於現實，對於當下的現實，踏向「超越與內在的一致」（超越即內在）的鞏固之途。

　　釋尊與那種以神賜的超凡能力形象熱情地呼喚大眾的人，是截然不同的。

　　儘管如此，上述以現實為中心所揭示的基本立場，還是有一個不容易迴避的難題經常落到跟前。這個難題即使是在

釋尊當時的印度思想界，被稱為「六十二見」的自由奔放、百家爭鳴的時代裡，也已經很明顯了，其後也一直是全人類的共同的論題。

若是從所謂哲學的角度一言以蔽之，它可說是潛藏於現實裡面、支持著現實的形而上學的對應，或是與形而上學探索的對決。

導向這形而上學的各種論題，在巴利五部與漢譯四阿含所構成的初期佛教經典，整理統括歸納為十種難題，即所謂的「十難」。

這「十難」是：

a(1)世界常住（世界上的時間是無限的）。

　(2)世界無常（世界上的時間是有限的）。

b(3)世界有邊（世界上的空間有限）。

　(4)世界無邊（世界上的空間無限）。

c(5)身體與靈魂同一。

　(6)身體與靈魂各異。

d真理達成者（如來），死後：

　(7)存在。

　(8)不存在。

　(9)存在，亦不存在。

　(10)既非存在，也非不存在。

還有加上如下的四種，稱為「十四難」的例子。

a(1)與(2)之後，1.常住或無常、2.既非常住，也非無常。

　　b⑶與⑷之後，3.有邊或無邊，4.既非有邊，也非無邊。

　　舉出這十難的經典，有全部的巴利五部經典與兩部漢譯阿含經，共計二十種資料，其中的若干經典重複提及數次。巴利五部裡並未提及十四難的資料,而漢譯的兩種阿含經裡，計出現五處，這五處對應於巴利諸資料時，相當於十難的各處所言，所以從資料上可明顯地看出巴利五部的十難，漢譯轉為十四難。

　　而以上所說的十難或十四難，只記錄其中一部分，或變形敘述等的資料為數也不少，若把這些全部加起來，總共可以看到五十三種左右的資料。這一些全都是大眾提出難題，要釋尊解答，也就是說，釋尊一而再地被大眾問到這些難題。

　　面對被詢問的難題，釋尊經常以「無記」為答。

　　各種資料上如此記載著：不論如何被誘導著回答，或受到誹謗中傷，釋尊都不理會，都是沉默著，什麼都不回答，這稱為「十難無記、十四難無記」。為什麼不回答呢？因為這些難題，全是關於形而上學的，不外乎是基於對形而上學的志向或是關心所設定的問題，而釋尊不回答是因為充分認清這些問題之故，

　　也就是說，上述的十難或十四難，釋尊只要回答其中的哪一個問題，不論其內容為何，便已經踏入形而上學，將陷於從現實游離的議論，背離了以現實為中心的作風（以上用了「形而上學」之語，但這並非各種經典使用了此語，而是要更具體的說明而已。這在下段的文字裡，將更明顯）。

　　而提出問題的詢問者之中，有人就是欲求知解答，於是又接著繼續問：為什麼無記呢？對其追問，釋尊仍然不回答，一貫地保持無記。

　　據佛典裡記載，當時這樣的難題，似乎是頻繁地被人提出來問釋尊。比釋尊稍早的六師外道中的桑伽耶，以及耆那教的開創同時代的馬哈維拉，也曾面對民眾的這類回答。

　　據其記載，桑伽雅如「鰻魚（滑溜溜捉不住）一樣詭辯。」他常用「我不認為如此」、「似乎並非如此」、「不認為這有什麼差異」、「也不認為並非如此」、「並不認為並非如此」來回答，始終以一種不可知論來應付問題，表示他對問題的中止判斷（放棄判斷的哲學用語）。

　　而馬哈維拉則避免確定的回答，把難題置於未定，一切難題都附有限定：「從某一點說來，有可能。」依據一種相對主義、不確定主義。

　　如同上述，當時思想界的代表人物桑伽雅與馬哈維拉，是把無法回答的難題以某種形式來回答。而釋尊不回答時，則保持沉默。而對釋尊的沉默，詢問者仍然執拗地窮追不捨時，偶爾釋尊也會以適切的比喻，回答對方，或向弟子說明。

　　釋尊的比喻有種種，其中最為大眾所熟知的比喻之一是毒箭的比喻：一個被毒箭射中的人，若因為想知道射箭者的種姓（階級）、姓名、身高、膚色、住處、其弓的強弱、弦或箭的形狀、箭羽的材料等，而阻止朋友或家人拔出箭，請醫師治療，那麼這個人會因箭毒而死亡。同樣的，一直想探索

世界的常或無常者，在得不到解答之前就死了。與世界的常、無常等等無關，世間有生、老、死之苦，我說的是其壓制。面對這些，現實上的實踐、開悟、涅槃，並沒有用，所以我不說世界的常、無常。我不說的事、我所說的事，大家就這樣接受吧。（大概如此）

如同在東西方的思想史、哲學史上經常可看到的，為了議論而議論，而且，為了探尋某些原理，窮其研究，希望達到究極，大致上已構築了立論體系和目標的形而上學的種種議論，沉湎於其中的人，顯然是興味盎然且無止無盡的。

但是這與依據其他原理而建立的形而上學方面的任何場合一樣，都會引起爭論。而且，其爭論一直持續著，得不到一個結論，這些爭論也不過是為了知而知的饗宴罷了，多數情形是毫無結果收場。而且，這些不僅對於現實毫無益處，在實踐上更是相隔遙遠。

在反覆地面對種種的回答時，釋尊這樣說：

「我說的是此事。」我從不這樣說。對種種事情的執著只知其為執著，對種種偏見看出其中的「過錯」，不固執，自我省察，以獲得內心的平安（經集，第 837 詩，參考中村元譯本）。

而上面提到的十難或十四難之中，a 的「世界上的時間是無限的或有限的」，或 b 的「世界上的空間是有限的或無限的」

的問題，就從與釋尊以及全佛教都完全無關聯的康德之說來看看。

　　康德的主要著作《純粹理性批判》的後半部分，先驗的（超越論的）辯證論中說，不夾雜著一切經驗的純粹理性（也稱為理論理性）所產生的自然的、不可避免的迷妄，稱為先驗的假象，其中「世界是時間上的開始，與關於空間的界限」，以「有」的命題，與「無」的反命題，各自成立其理論的詳細論證。而把這種假象命名為「純粹理性的二律背反 (Antinomy)」，以到達與理性完全相反的兩種結論。而把「世界」這現象誤為物自體，儘管這是由於主觀造成的，卻犯了由主觀而獨立存在之誤。因此，這二律背反的哪一方都是錯的，康德如此結論。

　　自從佛教在西方被認識、被研究的十九世紀後半以來，直到最近，甚至是現在，有不少西方人常常把初期佛教或佛教，認為與其視為宗教，還不如解釋為近於邏輯。

　　這是因為在西方研究者頭腦裡認定的宗教就是基督教，另外還有極少數的猶太教或伊斯蘭教等西亞諸宗教。他們印象中的宗教，都嚴守只有唯一的神，或以獨自的教說及未來是世界末日論的教義為基礎。相對於此，釋尊與初期佛教及全體佛教，都不主張此種說法，如前面所述，佛教是以現實為中心推移的。

　　而且，如同在這裡所論及的，佛教一直採取解決現實各種問題的態度，這是使西方人（不僅是西方人，甚至包括稱

佛教為道教的古代中國人）常常誤認為佛教不過是談邏輯而已，或解釋為邏輯之源及其奧義的理論根據。然而反過來說，把佛教視為邏輯之說，越能看出佛教貫徹以現實為中心的情形。

二、心

要論及包括釋尊在內的初期佛教的主題，以及釋尊對於種種問題的回答，這一切大都全顯示在「心」的理想狀態，它是基於「心」所擔負的，由「心」所出發的。在對應多種多樣的現實上，不要被現實牽著走，而是要把面對於現實的「心」，比什麼都深刻地、堅定地注視，教導人「心」的重要與可貴。

「心」的原語，是吉達 (citta) 與瑪那斯 (manas)（巴利語與梵語也一樣），各語根的 cit 與 man，都是「思考」之意，兩者的內容和用例幾乎都一樣，尤其是在印度佛教中大都被視為同義。在漢譯方面，吉達譯為心，瑪那斯譯為意，雖然分開來譯在五世紀時已明顯，但兩者在古譯時，亦有譯為「心意」的例子，並未特別地區分。

「心」的原語，本來是表示心臟的哈拉雅（梵語為 hṛdaya），這個語詞在初期佛教經典裡並未受到什麼重視（例如後代的《般若心經》裡的「心」，即是 hṛdaya），漢譯為「識」的 viññāna（梵語為 vijñāna），也有許多說法認為是吉達、瑪那斯的同義語。

　　說及「心」的文句實在太多了，例如最古的詩集之一的
《法句經》，從其開頭，就對於「心」，如下面這樣開始說起：

　　諸法意先導，意主意造作。
　　若以染汙意，或語或行業。
　　是則苦隨彼，如輪隨獸足。（第一詩）
　　諸法意先導，意主意造作。
　　若以清淨意，或語或行業。
　　是則樂隨彼，如影不離形。（第二詩。這二詩的「心」的
　　　　　　　　　　　　　　　原語是瑪那斯 manas）。

　　而這《法句經》的第三章，則以「心品」為題（這裡「心」
的原語是吉達，計有第三十三至四十三詩，總共十一詩。這
裡引用其中的數例：

　　輕動易變心，難護難制服。
　　智者調直之，如匠搦箭直。（第三十三詩）
　　此心隨意轉，微妙極難見。
　　智者防護心，心護得安樂。（第三十六詩）
　　心若不安定，又不了正法。
　　信心不堅者，智慧不成就。（第三十八詩）
　　若得無漏心，亦無諸惑亂。
　　超越善與惡，覺者無恐怖。（第三十九詩）

尤其是下面所引，是漢譯中最知名的詩。

其漢譯：

諸惡莫作，諸善奉行。

自淨其意，是諸佛教（第 183 詩、這裡「心」的原語是
　　　　　citta）。

末尾之句的「諸佛」（佛陀的複數形），可以解釋為「過
去七佛」（參考本書第一部第二章三、大乘佛教運動），有不
少看法，把此詩句認為是七佛的一切，而將其命名為「七佛
通誡偈」（偈與詩同）。而此詩也被認為是把佛教用一詩表現
出來。還有，其第二句的「諸善」，可能是從修辭上著眼，有
許多例子，把「諸善」改成「眾善」。

像上面這樣把「心」當做佛教基本立場的例子，在初期
經典上不論是詩或散文都相當常見，這是從釋尊就開始的。

如上面引用的《法句經》中說的一樣，「心」容易動念，
心意不容易堅持，心是很難控制的。調御這顆心、把握這顆
心，都很微妙，心識若起了輕率的念頭，人就隨情欲之念而
轉，「心」就動搖了。

心常常受到染汙、不淨、心胸不開闊，不但一顆心不安
定，還有怨恨、憤怒、憎惡、膽怯、嫉妒、諷刺、競爭、懶
惰、貪婪、迷惘等，許多的念，都是由於心識而起的，不知
羞恥、掩飾過錯、吝嗇、頑固、猜疑、不和、怠惰、陰鬱、

拍馬屁、詐欺、奢侈、後悔、嫌惡、不信、傲慢、無知等，
都是由「心」而發的。

　　人的種種意念，全都來自於自己的一顆心，凝視現實的
實態，觀照自己的心，把很多的念頭拂拭了，能夠自我控制
種種情緒的，也是「心」。種種佛教經典都有這種講到「心」
的智慧的語言，對「心」的作用有詳盡的描述。

　　如同上面舉出的《法句經》開頭二詩所指出的一樣，我
們從「心」製造出了種種感覺（諸法），受其支配。「心」是
一切之主，每個人的語言、行動，都是從「心」而發。

　　就像這樣，對一切「事物」，要最優先重視「心」，釋尊
不斷如此教示大眾這樣的方向，此種說法充滿了初期經典。
於是不久，部派佛教就發展出以「心」的詳細分析所構成的
「心識論」，而在巴利論藏裡尤其有極為詳細的論述。至於大
乘佛教則解說比「心識論」更鮮明的「唯心論」，在《華嚴經》
（〈十地品〉的第六現前地）中，即有經常被引用的著名文句
如下：

　　三界虛妄，但是一心之作，十二（因）緣分皆依心。

　　這句子與梵文本內容完全相同。

　　從這個唯心論，而產生出中期大乘佛教的唯識說，並且
也構築了縝密的理論。同時，從這種對「心」的無限信賴，
而發展為後述的心性清淨、自性清淨心的思想，而在中途又

受種種教說影響，最後則結晶於同為中期大乘佛教的如來藏與佛性這種佛教獨特的術語。然後，這個術語則開拓了一切眾生（所有的有生命者）之通於如來即成佛的論據。

同時，在我們的日常生活中，也有所謂的身心論（或心身論），近年來長足進步的現代醫學上也強調，身體的健康程度歸因於「心」，心理健康，身體即健康，在這方面，我們現在都有很深的體驗。

而「心」，是中國思想的核心之一，與「氣」的一部分是相通的。

三、苦

苦，是梵語的 duḥkka，與巴利語的 dhkkha 相當，其語源不明。在印度，除了最古老的吠陀經，與在印度思想史上屢次登場的唯物論之外，從古代至中世，一切的宗教、哲學，都把苦當做重要的課題（之一），完成種種考究結果，佛教也擔任其重要的一翼。

釋尊雖然生長在得天獨厚的環境，但他從幼少時便常常獨自沉思冥想，因此這被認為是直接面對人生裡的苦的體驗。而其出家，是放棄充滿快樂的現世的一切，出家後經過六年的修行，才脫離苦達成超克，獲得所謂的成道，成為佛陀，也就是覺者，乃至牟尼，也就是聖者，誕生了釋尊。成道後，不久釋尊把自己領悟的內容開始向大眾說法，佛教的出現、創始已如前述。

　　從這可明顯地概略看出,苦正是釋尊本身及佛教的原點,或從關於佛教成立的時間的觀點來看,苦相當於佛教的始元。

　　苦之語,已在《經集》中頻繁登場,dhkkha 與其複合語在這經文裡幾十次的被使用。《法句經》以及各種的韻文經典,與散文經典,關於苦的引例之文也相當地多。

　　苦,就這樣在初期經典中被反覆說著。雖說其中有屬於日常生活中感覺上的痛苦,及生理的痛苦(英語 pain),不如說,其所指的大多是心理的苦惱(英語的 suffering),並明白地說在這婆娑世界生活中的現實,充滿了苦惱。

　　雖然經典中蒐集了這麼多用例,但是若加以重新考察,裡面對於「苦是什麼?」卻可以說全無設問與解答。因此若根據所有的資料,以極簡潔的現代語彙來歸納,只能大致上得到:「苦便是事與願違」的定義。這裡我們就把這點當做「苦的本質」來進一步考察。

　　若將為數甚多的資料,依據苦是基於何種原因而產生的這種觀點,把苦的因素概括地加以區別,大約有如下四種:即(1)基於欲望與其變形的苦,(2)基於無知與其變形的苦,(3)基於人的存在乃至其實際存在的苦,(4)基於無常的苦。以下就針對這四種情形分別論述。

　　(1)欲望與其變形,從各種資料上所看見的有以下這些:貪欲、愛欲、情欲、愛著、愛執、執著、煩惱等。

　　只要是有生命的東西,都會有某種欲望,甚至可說是被欲望所驅動,生命才得以延續。而欲望本來冀求的就是充足。

既然這是本能的，不論是在這之外，或是在這之上的欲望，而且不論欲望多小、多大，一定會尋求達成其欲望，一直尋求著。

而向著目標前進的這個欲望，在達到其目標的瞬間，也就是其欲望滿足的同時，該欲望也隨之消滅。簡單地來說，便是：追求－完成（滿足）－消滅。不論多強、多激烈、多深、多麼求不止的欲望，在欲望達成的當下，即自然消失，其欲望也不存在了。

對這種欲望的狀態，不妨進一步加以討論。

從自己的心發出而追求的欲望，終於達到滿足了，但也在當下自然地消失了。而這欲望的消失，絕無法假手他人，欲望從這個生命體之中產生，很清楚地一定得透過自己去否定才能使其消失。因此，欲望這種想望，正是否定的，而且是自我否定的，也是矛盾的，而且是自相矛盾的。

而關於欲望，一般而言欲望是無意義的，但在現實中一定是具體的，有一個特定的欲望，因此欲望經常具有個別的性格。而追求一個特定的欲望－達到滿足－自然的消失－自我否定－自相矛盾的進程，會立即產生出另一個欲望，但是新的特定的欲望，又步上相同的軌跡。

把這些合在一起以一種連鎖循環的宏觀觀點而言，便有「無窮欲望」的俗稱。雖然如此，在質的方面一定是具體的、特定的欲望，與一個一個欲望之死的累積，而這不過是本來無意義的「量」的抽象化言辭而已，欲望的具體性是無法捨

棄表面形相的。

　　當然，欲望不一定經常都能達到，甚至可說達不到的例子更多。那麼，像這種達不到的欲望，為什麼自己要抱持它呢？很明顯地，這就如同達不到的事，而自己卻一心追求著；這種欲望的意念，其自我否定、自相矛盾的情況是相通的。

　　不論是向外追求的欲望，或在內心裡所希求的欲望，當欲望達到時，或欲望落空受到挫折時，這自我否定的、自相矛盾的欲望狀態並不會改變。既然有欲望，它便經常在心裡、且持續在心裡，於是因為「事與願違」，而不斷苦惱著。

　　若再進一步說，如前所述，欲望是個別的，同樣的，事與願違之苦也是個別的，這之中的每一個苦，都是來自自己，且須自己擔負的。

　　而引起這苦的欲望，佛教的術語稱之為「煩惱」，這煩惱一詞被當作日常用語使用著，並列舉出許多的煩惱而稱之為「百八煩惱」。其實，凡夫時時刻刻產生著更加個別的、具體的煩惱。

　　這「基於欲望的苦」的教說，也為後述的四諦說所採納吸收。

　　⑵無知及其變形，依據諸多資料有：無明、愚、痴、迷妄等說法。

　　無知當然就是缺乏知，但是，這裡所說的無知，並非如世人所說的，指對於某些事物的缺乏知識，而是指：有生命者，尤其是具有知的特性（之一）的人類，其本來的無知。

　　知在其性格上具有一種「欲窮知不捨」的作用，知的作用通常無止境，其結果是人類不斷地累積知識的寶庫，而使其愈加地膨脹擴大。

　　然而，若對於「知的作用」加以深入考察，則其出發點必然是從「知的對象化」開始的。而這時已有所謂「知」的自己外化（自己以自己為對象化的活動），知的作用，結果並非是已知的那些內容，而是欲知其想知道的，一種知的退行（自我反省）被束之高閣。

　　或者也可以有如下的說明：一般被稱為知的作用之實情，是關於對象之知。對象即向外的知識，有時需要莫大的精力或時間來獲得認知，使其向外的對象明朗，才能得到知識，收到知的成果；同時，知增加越多，反而越能清楚一些無知的事，因此知就更加有活力，增大欲知的對象，知向外無止境地推進。儘管如此，其知的向外對象，其實全是其知自我投影的外部的影子，一種映像罷了。也就是如五蘊說（參考本章之九、法）所示的，對象（色）必定通過表象（想、印象）等的認識，知亦是基於其各種認識而來的。

　　而且，如此向外求知的知，或者關於知的奧裡，不論任何的知，最終都不得而知，因此也可以說是無知。

　　換句話說，知的目標是欲了解真理，但真理卻不得而知，就因為不得而知，所以知的作用就更無止境地欲窮其知，然而還是不得而知。這無限地進行著的知，這知本身卻無法瞭然其知。於是這就可以稱為本來的無知，而這也暴露出了知

的自我否定、自相矛盾的狀態。

在日常生活中，人們常常說：「前途莫測」，就連目前自己所處的世界，一分鐘之後會發生的事，連自己也無法得知，別人就當然更不會知道了。就以極端的例子來說，自己會死不論如何地明確，但自己幾時死、如何死，自己都不得而知。

在知識爆發的現代，可以用「由於資訊的流通才知道」這句話來形容。這暴露了缺乏知的主體性、顯露出不確定性。在日常生活中，除了這身邊的例子之外，自己（與世界）都籠罩著萬般的本來的無知。

像這樣的本來的無知，必然會與基於無知的苦相連結。亦即知向外擴大，但是關於其內在卻是全然無知的，這外與內的離反越來越大。自我否定、自相矛盾的衝突越激烈，苦就更深刻。

而這無知，後世的人稱之為「無始的無明」。僧肇（約五世紀初）亦著有名為《般若無知論》的書，根源便是這無知（無明）。佛教指示了人本來的狀態，而這與眾所周知的基督教所強調的「原罪」（由奧古斯丁命名），有一脈相通之處。

前面所提及的人的煩惱問題，曾提到貪、瞋、痴，名為「三毒」。貪與瞋，屬於上述「欲望」的情緒，痴則納入「無知」裡。

此外，後面將談到的緣起說之中，其完整型態的十二因緣說，就是從這無明起始，而及於老死，其背後的原初形，便是由於苦（悲憂惱想），及一切苦的聚集所生起（與消滅）

的種種，經典如此記述著。

⑶關於人的存在（實存）問題，各種經典舉出：生存、出生、老、死、病、業、輪迴等種種之事。

基於人的存在之苦，最鮮明的典型是：生、老、病、死的四苦，再加上：怨憎會苦、愛別離苦、求不得苦、五蘊盛苦，共八苦。

生、老、病、死，完全是屬於自己的，雖然是屬於自己的事，自己卻很無奈，無法如自己的意，自己無法控制。或者是，與自己所怨憎的對象，也不得不會面，與自己所愛的對象也不得不別離，不斷地追求著自己得不到的事物，這種人生上免不了的矛盾的現實樣態，便是人生之苦，種種的一切（五蘊）充滿了苦。

若再深入討論，生苦，從出生時不得不通過母親極狹窄的產道的感覺上的苦開始，無法如自己之意的出生，再必然地走向老、病、死之路。生之否定、矛盾，在出生時已有如此的程序，而這誠然是自我否定的、自相矛盾的。由於這些而來的苦，人從出生時就背負著。

佛教說的「生」，經常是指「發生」與「出生」，而不是指「生存」。

人由於存在（實存）而有的苦，首先是由於無知的苦，這可以說是人類的非常之苦。比較起來，⑴的欲望的苦乃是具體的、個別的、一過即無的，而⑵與⑶的兩種苦則可以說是本來就有的、不可避免的，所以，也許苦的意識少。然而

這二苦不容易忘，經常跟隨著人，其實是更深的、更強烈的，而顯露出「事與願違」的苦的本質。

(4)基於無常的苦，則在下一項論無常時述及。

以上論述的苦，很明顯的，苦是有生命者（眾生，或譯為有情），尤其是人，不可避免的必然的狀態，而且，這苦的最大問題，結果是歸於自己，亦即：自己背棄自己、自我否定、自相矛盾，是自己更促進其矛盾的。因此，各人在此節骨眼兒，自己更要摸索、探究、努力精進。像這樣的人生總體即是生存，經過摸索、精進程序，便可獲得更大的充實。而其活動、過程與結果，再擴充或深化，從其極限的體驗與洞察中，獲得脫離苦與解放，佛教如此教導大眾。

像這樣從苦的解放，從苦的本質的自我否定、自相矛盾的自己否定，可說是具有雙重否定的構造。而在達到其境地時，自己便轉變為本來的自己，名副其實的自在，絕對平安的涅槃便顯現。以上是佛教從最初期以來一貫的理想。

四、無　常

無常相當於巴利語的 anicca（梵語 anitya），其他較為罕見的還有 asassata(aśāśvata)、adhuva(adhruva) 等等，但這些表示「無常」之語，除了《經集》之外，其他以韻文所示的最古經典裡，很少見其用例，可以說幾乎完全沒有。

同時，例如《經集》第 574–593 詩，共二十首偈，以及《法句經》隨處散見的約二十句詩，曾對關於人生必然的死，

以嚴肅而切實之痛或哀惜反覆吟詠。這些詩句除了強調死、死亡的不可避免、死亡的殘酷之外，同時諄諄教誨人，要從死的悲嘆解脫捨離，「有生必有死」、「有生必然終於死」等，以這些句子來讓人明白。

於是後來便成為：

一切生者、一切生物都會消滅。

這種定型句在巴利文五部的散文諸經典，以及巴利律等中，皆頻頻出現「生者必滅」的句子。

以上是關於死的說法，而至於到達死亡之前的老或病或種種災厄，同樣也都有提及。還有在巴利文與漢譯的散文經典，對於人生裡的種種狀況，除有類似的說法之外，也常用「無常」之語，其例文多達二百餘句。

而且，死、老、病，包含著這些內在的無常，以及其外在的無常，這些並非由他處飛撲而來，而說都是自己招致而來的，而且把這種情形比喻為如同土器自然地毀壞，鐵器自然地生鏽一樣。

詳細查閱和這些有關聯的許多例句,將會發現其特徵是：顯示無常之語，往往毫無任何前置說法，對於為什麼是無常的，一切都不問其理論根據，突然就提出來。也就是，無常之語，其原因、理由、根據，以及其起源，完全都未被追問。

　　從這種用例的特徵可以明顯地看出，無常是人生最赤裸裸的事實和現實，把這種實態直接地以感性接納承受，由其觸發而產生共鳴，而湧出一種帶著深深的關心與同感的詠嘆，此即經文的表現。

　　像這樣的詠嘆，是人生最深層的詠嘆，因而，它凝縮為「無常」之詞，但這並非佛教的特殊術語。非但如此，無常與這種術語的構思完全無關，只是基於無盡的詠嘆。從佛教最初期的韻文經典詠嘆人生的現實中，突然出現無常之語，而在散文經典裡，這赤裸裸的無常也出現了。

　　像這樣在提到現實的人生中，自然而然地出現的「無常」之詞，顯然是釋尊本身實際體驗的、內省的、自覺的。同時，也是許多民眾向釋尊訴說的悲嘆，引起釋尊的共鳴，而對人生實態的直視、凝視、認識、體會，而從其深層所發覺到的，人生就是如此充滿了「無常」。

　　如此由釋尊的體驗而結晶成「無常」之語——一切是無常的。這種基於自覺與同感的體驗，與前面所述之「苦」的第(4)所舉出的「基於無常的苦」相連結。而且如前面所提到的，無常並非由於其他的要因而來，而是由自己招致、自己須面臨到的事，這必然是自己的課題。

　　亦即，從自我否定、自相矛盾的不知其底的深淵中露出了這無常，因此可以將這無常立即歸結於自我否定、自相矛盾的人生本質之苦。

　　前面我們在探討「苦」的一開始，就將「苦」認為是釋

尊本身悟道及佛教成立時間上的原點。於是從「苦」出發，依前面對於「無常」、「苦」的探究，便可明白無常是苦的根據（之一），因此，無常可視為是釋尊及佛教理論上的始元。

在初期佛教，「無常」並非與「常」，或用來做「無常─苦」或「常─樂」的對照。無常與常或樂毫無關係。在初期經典裡，直接地說無常與苦，如此基於對現實的「無常─苦」的凝視與體驗，以求其超越，然後達到理想的涅槃。

附帶地說，前面論及「十（四）難無記」時，將「世界是常或無常」的問題，置於第一。其中的原語常往往是用 sassata(śāśvata)、無常用 asassata(aśāśvata) 來統一。其中未見有前面提到的無常原語阿尼嗏 anicca(anitya)（阿尼諾）之語的用例。

將於後述的「中道」出現的「不常（不斷）」，並不經常以前述出現的 asassata 來表示，也從未以 anicca 來表示。在漢譯方面，把缺乏明確性的無常、不常之原語，加以明確地區分使用。

就如無常之語所明白表示的一樣，佛教從其最初期起，便把包含著自己與世界的現實的一切，並不視為靜止的狀態，而一定是置於運動之相。亦即，佛教對現實的態度一貫地絲毫不視為靜止的，而始終認為是動的狀態，一切的生滅變化是流動不息的。

五、無　我

　　無我又譯為非我。清楚地說，無我，便是「沒有我」，非我，便是「不是我」，即表示「沒有自我」、「並非自我」之意。

　　無我的原語，是在表示我、自我之意的巴利語 attan 及梵語 ātman 前面冠上 "a" 或 "nir" 等表示否定的字首。

　　佛教的教義已在《經集》裡詳述，在為數一一四九首的偈語裡，有一半以上都直接、間接地與「無我說」有關聯。

　　這種種資料的特徵，就是強調執著與其同義語（ālaya 等）的否定。這裡所說的執著與上述的欲望不同，甚至可說並非是特定的、個別的，而是隱約抽象的、無名的，它棲隱在人生命底層，深深根植牢不可拔。因此，是執著的、拘泥的、拘謹的，它從某混沌的執著，而個個具體的欲望接連不斷地產生出來。像這種只能說是無意義的執著，其中最強烈、頑固的，便正是我執，也就是在執著的根底還固有著自我。

　　如此的執著—我執—自我，其根源在《經集》裡即明確地指出，而這必須要用調御、否定、捨離來超越。以上是這些經文裡的無我說。

　　若以日常極為簡明的話來說，《經集》教說的無我，可總括為「捨棄執著，尤其要捨棄我執」，「不拘謹、不拘泥」。

　　在其稍後成立的，而且最廣為人知的韻文經典《法句經》裡，把以往譯為「自我」的巴利語原語 (attan) 稍加改變。亦即，attan 在以往譯為「自我」之外，有時譯成「我」，或「自

己」的恰當例子，格外顯著的也有。

　　被稱為「最初期佛教的金言說法詩集」的《法句經》，把attan 說為「主體的自己」的詩，分散於全書之中約有二十餘處，茲引用其三例：

　　自為自依怙，他人何可依？
　　自己善調御，證難得所依。（第 160 詩）
　　汝宜自造安全洲，迅速精勤為智者。（第 236、第 238 詩）
　　正為自依怙，自己依自己。
　　自己宜自制，如商人制良馬。（第 380 詩）

　　加上其他的用例，來探討這經文的無我說。

　　自己先思考內心裡對各種各樣現實的對應，淨化自己的心靈首先要學會自我控制內心的各種情緒，以達成心隨意行。觀照執著的自我、自我的執著，而立志從這執著的自我脫離、超越、解放、解脫。而從脫離到解脫的實現，主體在於自己。而且，從結果來說，要達到解脫，也是在於自己。

　　歸納以上而言，人從出生的那一瞬間起，即處在不斷的行為連續之間，其主體的我在日常生活裡，對於自己，藉由自我肯定、自我否定不斷地反覆著而塑造了自我；另一方面，終於超克自我達到無我，形成自己，獲得真正主體的、徹底平安的自己，以上大致是《法句經》教示的無我說。

　　然後到了初期的散文經典，attan 被認為約與「自我」類

似，帶著佛教特有的分析，便分成：「我的」、「我」、「我的自我」三種說法。

　　從散文經典所看見的無我說，大部分改成：「這並非我的」、「這不是我的」、「這不是我的自我」的定型。文中的「這」若要具體地一一舉出來，實在是非常煩雜地把同樣的文字反覆強調著。

　　不過，在佛教的散文經典裡，也有把 attan 解釋為「主體的自己」的例子。

　　最廣為大家所熟知的，前面引用的《法句經》第 236 詩等所用的「洲」的原語「dīpa」，若從應還原為梵語 dvipa 的正統說切離，則還是應該相當於梵語的 dīpa，把它解釋為「燈明」。因此，漢譯的四阿含經中的若干經裡有：「自燈明，他燈明，自歸依，他歸依」的說法。

　　這句若排除利己主義或自己中心主義，添上普遍的法，而接下「法燈明，他燈明」之句，與前述的說法結合即成為「自燈明，自歸依，法燈明，法歸依」，這句乃至同類的詞句，屢屢在散文經典裡被提及。

　　前面引用的《經集》，除了第 45 詩之外、第 35 至第 75 詩合計四十詩的末尾都附有「如犀牛之角，唯其獨步」的反覆之句。

　　無論如何，attan（我）是包含著我與自我、自己的種種形態，呈現出相反而同時兩立的形態。也就是，同一的 attan（我）即是日常的我、轉化為自我或自己，或自我昇華為自

己或自己掉落至自我，如此這般內藏著渾沌的我、自我、自己。

　　無我的教說，即是：我─自我─自己，從日常性到宗教性的一切局面，探討經常達到其核心作用者，再進一步，自己如何？心思如何？言談如何？舉止如何？直接聯繫到自己的行為、實踐。從這個意味而言，「無我說」帶著濃厚的實踐性格的這一點上，與「苦」、「無常」的教說，其樣相稍稍有異。

六、三法印

　　「苦」、「無常」、「無我」，在巴利五部、漢譯四阿含中各自分開說明，每一項獨立，但在上述的散文經典中，不久便被總括為「無常─苦─無我」，並確立其教說。如前所述，雖然「苦」在教說的時間上是原點，但「無常」在邏輯上被認為是始元的，所以成為「無常─苦」的說法，從其洞察、孕育至實踐的局面向無我展開，而完成「無常─苦─無我」的系列教說。

　　如此的無常─苦─無我的教說，在巴利五部、漢譯四阿含裡，可以說頻頻地反覆出現，把這些合計，各有一百五十餘的例文。其中，《法句經》第 277 至第 279 詩的三詩：「一切行無常」、「一切行是苦」、「一切法無我」並列，這三句詩的末尾都是：「以智慧觀照，得厭離於苦，此乃清淨道」，三度反覆吟詠。

　　很明顯的，「諸行無常、一切皆苦、諸法無我」這最著名的慣用語句，在《法句經》裡就已有了。這些偈語，是否即以如此的形式存在釋尊的教說裡呢？雖然不論如何運用文獻學也無法弄清楚，但至少可以認為，這些話的原型是發自釋尊，是從最初期的佛教以來就一直主張的，是佛教的教說之中，最古老、最接近於釋尊說法的。

　　既然無常、苦、無我等等，是本來釋尊引導人們走入佛教理想境地的涅槃教說，因此，由諸行無常、一切皆苦、諸法無我（這順序經常是一定的）這三項成立的系列，加上涅槃，便通到絕對的平安。這稱為涅槃寂靜（寂靜是 santi、śānti 之釋，現代語稱平和），以上的系列便增至四項。

　　如此確定的三項系列，增至四項，再由四項把一切皆苦除去，便成為諸行無常、諸法無我、涅槃寂靜的三項，之後即被稱為：三法印、四法印（也就是三法印有兩種）。

　　這「法印」是梵語的達摩達納之譯，相當於巴利語的「未知」，是後代的成語，漢譯的術語。據說在五世紀初期鳩摩羅什的譯語裡初次出現。法印是象徵教義之意，如前所述，這三法印乃至四法印，是從最初期以來佛教思想的要目，可見其歷史悠久。

　　而在巴利語文獻裡雖然沒有看過，但漢譯的《中阿含經》、《雜阿含經》、《增一阿含經》裡，則有：無常、苦、空、無我這四說，也有插入「空」之語的這類例子，而這四說的系列之外，也有加上「病」之說的文獻。

另外，稍晚，又有由無常、苦、無我、不淨這四說組成的系列，根據這四項的教說為「身不淨，受苦，心無常，法無我。」這與「四念處」（亦稱四念住）相關聯，在大乘經典裡再展開種種教說。

附帶說明，除了以上所舉出的四項之外，其他與四法印沒什麼關係。

七、中　道

釋尊生而為釋迦族的王子，當他年輕時過著表面看來充滿安樂的日子，然而一旦出家後，卻過著走錯一步即可能瀕臨死亡邊緣、深入苦行六年時間的生活。其後，釋尊毅然捨棄苦行，在菩提樹下冥想中成道以後，對於「不苦不樂的中道」便大書特書。比釋尊稍前的自由思想家有主張快樂主義的，也有對苦行一面倒的，釋尊等於是否定這兩者，採取中道。

印度人與苦行的關係很深。苦行原語的 tapas 是「熱」的意思，在熱帶的印度，熱已很難受，再加熱，苦即加倍。但是，若從「業」說的基本善因善果的理論而言，這加倍的苦，被認為是可以比通常更加快速得到善果的方法，以往從未犯過任何惡行的人，由於苦行的善因，可以期待獲得積極的好結果。

但是，不論是苦行或樂行，這本來都是手段，兩者都不過是為了達到自己的目的。人人都容易走極端（邊），這乃是

世間的常態。釋尊十分清楚這種傾斜與兩邊，而選擇中道，佛教說的中道，在釋尊以後貫徹全佛教。

其中，除了苦與樂之外，還有，有與無、斷（斷絕）與常（常住），一邊與他邊都否定，在雙重否定裡而說中道，初期經典如此說。

而這中道的教義，與下項將敘述的四諦八正道，都被認為是釋尊最初的說法（初轉法輪），但不無疑問，這也可能是編纂經典時的修飾。本來述及釋尊最初說法的資料，在初期經典中即有約二十三處，研究者要從其中決定那一個最可靠，幾乎是不可能的，大概釋尊在其生涯，亦是一面嚴格，另一面柔和，排除多邊走中道，向眾生說法的吧。

而這個「中」，例如孔子或亞里斯多德等大思想家也都說過。這個「中」與中途而廢完全不同，它正是從兩邊的超越。在佛教，這個中道通往涅槃。而且佛教所說的中道之語裡的「道」，原語是 paṭipadā(pratipadā)，這是表示「向著」(paṭi, prati)「前進」(padā) 之意，比一樣具有「道」之意思的馬喀（馬卡）更具有濃厚的實踐性格。

再者，這中道說，後來在大乘佛教的兩大論師龍樹的《中論》與無著的《中邊分別論》（傳說是其師彌勒所著，世親註記）裡，以十分犀利的理論使中道重生。

八、四諦八正道

「諦」，原語為 sacca(satya)，本來是表示「存在」之意的

as 這個動詞的現在分詞，轉成表現真理、真實之意。漢字的「諦」，也是指真理、真實，都可用來指真實。用日本固有語音讀漢字「諦」，解釋是：達觀、死心，本來是表示明白的意思，佛典的用法也一樣。把達觀解釋為斷念或放棄是比較新的說法。

　　四諦，即是四種真實，由苦締、集諦、滅諦、道諦組成，簡稱為：苦集滅道四諦。正確的說，所謂苦，是指走向苦之集（生起、成立），因此要追求苦之滅以及走向苦之滅之道，四諦全與苦有關係，這在巴利文與漢譯都意思相同。

　　關於佛教所言的苦前文已經詳述了。在其苦的說明中所示的欲望（渴愛，如口渴極欲喝水的欲望）在集諦裡說了。滅諦是涅槃、解脫。道諦則經常提到八正道，這在初期經典中即反覆說著。

　　這四諦說，表現其四項的巴利語，在韻文裡並未被統一。詳細而言，這在巴利語的韻文裡可看出其異同，在散文經典裡，變化為與韻文經典有異的術語，之後才終於如上述定型下來。亦即，從文獻上可知，四諦這術語的固定是稍晚的事。

　　再者，認為四諦說是釋尊最初說法的內容，其資料總共約二十三種，其中十六種大概是屬於後代的。但對於這四項的分析與綜合的方向，與當初並無不同。

　　八正道又稱八聖道，四諦中的道諦指的就是八正道，無一例外。八正道的定型，在最古的《經集》中並未看到，但在其他的韻文經典中，「八支」（支，即是項，由八項所成之

道）之語常常出現。

　　八支如下所示，而散文經典之說則見括弧內。

　　　正見　　　正確的見解、智慧（——知四諦）。

　　　正思　　　正確的思想、意欲（否定煩惱、憤怒、傷害）。

　　　正語　　　正確的語言（否定謊言、惡語、暴言、戲言）。

　　　正業　　　正確的行為（否定殺生、竊盜、邪淫）。

　　　正命　　　正確的生活（過著合乎於法的衣、食、住生活）。

　　　正精進　　　正確的努力、修行（努力向善）。

　　　正念　　　正確的意念、思慮（身、受、心的意念）。

　　　正定　　　正確的精神統一、貫注（四種禪）。

　　四諦說，其定型的成立雖說稍遲，但如前所述，已經被認為是釋尊最初的說法，深受重視，滲透於整個初期佛教經典裡。把這些說法統計起來，巴利文裡計有二百六十四經，漢譯四阿含更達二百七十三經。而這些說法，又成為諸部派教說的軸心，經常被當做標語，在大乘佛教中也一樣。

九、法

　　法，巴利語為 dhamma，是梵語 dharma 的譯語，其語根的 dhṛ，是「擔負、保有」之意，dharma(dhamma) 便成為支持、基礎、規則、模型、規範、慣例、義務、秩序、宇宙原理、善、德、普遍的真理、法律、倫理、宗教、教義等，在

印度一般上有範圍極廣的意思的用例,其用法遍佈於全印度,在稍晚，也有佛教獨特的用法，指示為「道理」的例子。

五世紀時，因在斯里蘭卡解釋巴利文佛典而大為活躍的高僧佛音，把法分為：⑴屬性、⑵教法（或因）、⑶聖典、⑷道理這四種。這個大綱在現今日益緻密化的佛教學上也大體被傳承著。

關於法，接下來要說明的「五蘊說」與「六入說」為其中心。

五蘊的蘊，是指集合之意，也有陰的譯音。五蘊，指的就是下面的五種集合，也是各構成要素的集合。

色：「顏色、形式」。具有「顏色、形式」者。有感覺的物質者。其對象的存在，包括身體。

受：感受印象的作用。感受作用。

想：構成印象的作用。表象作用。

行：潛在性的形成力。心的能動的作用。

識：區分各對象，認識判斷的作用。

六入又稱為六處、六內處，指眼、耳、鼻、舌、身、意（心）六種，亦稱作六根（根即器官），各有色、聲、香、味、觸、法這六個對象（又稱六境、六外處）的對應，並各有眼識、耳識、鼻識、舌識、身識、意識等認識判斷的作用。

六入與六境，合起來十二處，加上六識，稱為十八界（界是要素之意）。

五蘊是佛教獨自之說，其說法的成立很早。六入說，在

佛教以外的諸思想也採用。初期佛教自不在話下，部派佛教與大乘佛教也經常採用這兩個術語，分別都表示「一切」。換言之，佛教的說法是，這世間的一切不外乎是五蘊乃至六入。

　　法，如以上所言，也有教法與聖典之意。皈依三寶，這在全佛教史與全佛教徒有共同的定式，包含在其三寶內的法寶，正是相當於教法。把經（佛典）稱為法的例子也非常地多。

　　如同本書開頭所述的，佛教演變為現今的日常表現，是明治時代以來才更新的，佛教在日本直至江戶時代末期（公元 1877 年之前）的一千數百年之間，佛教還被稱為佛法或佛道。這種情形即使是現在仍然有一部分根深蒂固地殘留著。

十、十二因緣（緣起說）

　　與釋尊同時代的自由思想家，對於現實上苦樂或善惡等的生起，有三種看法：⑴絕對的造化、⑵一種宿命論、⑶無因，即偶然論這三種。在這些之中，最初期的佛教，所說的由於「原因」與包括各種條件的許多緣（或是因緣）而生起的「關係成立之說」，便是緣起說的原型。

　　初期佛教認為，「事物的存在」不外是因為「事物的成立」，這稱為生、集、起。而且其原因與諸條件，應從必須之處而起，這些合起來成為「緣起」，因此有緣起 (paticca-samuppda, pratitya-samutpāda) 這術語。

　　初期佛典如果從巴利文來探討，表示因之詞，一定包含

著生起之語，而表示生起之語，一定包含著因之詞，從這一點，便可看出此術語的成立之構造。但最初期的佛教，在吠陀經中，常使用表示原因之意的 nidāna，而「緣起」的巴利語 pratitya(paticca)，與其同類語的 pratyaya(paccaya)，在印度一般是表示「信、確定、概念」等的意思，解釋為「緣」的用法只有佛教而已。

據推察，大概釋尊已經講了緣起說的原型。而在現實化的結果，上溯其因，因與果的某種緊密的聯繫——關係性，因此成立關係的現實狀態，可以說便是其明顯的由來。而對於「苦」若適用，苦諦便向集諦前進。其進行，若把前述在「無常」之項所提的「生之法即滅之法」的論題帶入，則集諦與滅諦也相通。於是這理論促進四諦說的成立，若再進一步，便構成緣起說。

但是，「苦是由於何因緣而產生的? 苦是因老死之緣而生的」，把這句子簡略為「苦←老死」，則苦←行、苦←識、苦←欲望（渴愛）、苦←貪等的句子，這一些在《經集》裡全部都有，若再導入「生之法即滅之法」、「滅不待因」，則上面舉出的種種由滅至苦的滅的根，便可順利地歸結。

再者，其中二支（支，是阿桑伽所譯，與項字同）之間的緣起，若其一支與另一支相連時，例如「苦←老死」與「老死←生」的相連，則立刻成為「苦←老死←生」，進展為三支，再伸展為三支以上。

這些諸支與其連結次第整理，一個是由欲望（渴愛）經

過諸支，即是老死→苦，另一個，由無明（本來的無知）經
過諸求，走向老死→苦，這兩種理論的達成，其兩種理論便
結合一體。

　　無明→諸行（行是複數）→識→名色→六入→觸→受→
愛→取→有→生→老死（→苦愁憂惱悲）。

　　由這十二支而完成緣起說，這稱為十二因緣。

　　從某些而成立緣起說的初期佛教的資料，據以往所蒐集
到的，巴利小部的六種韻文經典裡計有九十七例，散文經典，
巴利四部與律藏計有二百三十九例，漢譯四阿含計一百八十
三例，總共所見資料達到四百二十二例之多。

　　其中，莫有的緣起思想一方面被說起，另一方面，由二
支至十二支的各支並列，甚至還有比以上所舉更多支，明顯
的是緣起說者，雖然巴利文與漢譯都有很精彩的論述，如以
上所說的資料傳承下來，但同時也顯示出其無秩序、雜亂的
型態。

　　同時，其最後終於完整地完成了十二因緣，詳細內容已
如前述，這十二的各支是從三法印、五蘊、六入說等考察到
的術語為主，很少有重新構成十二因緣的說明。

　　關於十二因緣，「以無明為緣的諸行……以生為緣的老
死、憂悲苦惱愁起」十二支如此排列，稱為「順觀」。又有：
「從無明之滅至諸行之滅……從生之滅至老死、苦悲憂惱愁
之滅」，此稱為「逆觀」。

　　順觀所表現的說法裡插入著「緣（paccaya）」字，逆觀則

有「滅」字之格的變化。乃因為自己知道了自己無明，因此
基於從無明轉為明（自己轉換）之理論來闡述。

　　這十二因緣說的由無明開始的系列，大概本來是「以老
死為緣的苦」，「以生為緣的老死」，「以有為緣的生」開始，
最後「以無明為緣的諸行」而結束，就十二因緣而言，從最
後支的一一上溯原型，闡述其過程的資料也不少。此外也有
從老死開始但未到無明而停在愛，因而從愛開始的「五支緣
起說」，或同樣的，由識開始的「十支緣起說」等，有各種的
緣起說。

　　上述的十支緣起說（也有的說法是少了「六入」，為九支
緣起說）中，也有非常少的例子認為最後一項的識，與名色
有相依關係，亦即是說識⇌名色。這大概是如上述「法」的
六入說所顯示的一樣，加入認識的主與客（對象）的關係。

　　除了這少數的例外之外，上述數量龐大的資料，經常僅
是單方面的進行（如上的→所示的），完全未問及可逆性。屢
次提到的相依關係的緣起說（相依性），在佛教史上，是直到
大乘佛教的龍樹（後面再述）才開始主張。

　　十二因緣確立後，在推進此說的團體之內，有希望捨棄
表面形象的人士，說出如下的說法：「有這個時，有那個。
生這個時，那個生。沒有這個時，沒有那個。這個滅時，那
個滅。」（其中的「這個」、「那個」都是伊拉莫一詞的格變化）
衍生出這些慣用語句，在巴利五部與漢譯四阿含包括其一部
分的省略，總共說及三十九次。

　　在巴利律添了十二因緣，巴利《自說感興偈》(Udāna)，散文添了十二因緣及上述的詞組，作為釋尊菩提樹下成道的內容，領悟十二因緣而成為覺者（佛陀），雖然資料如此記載，若仔細探討上面教說的展開，溯及最後完成的經文置於始元，便可明白這二種編輯者的意趣所在。

　　而「觀看緣起者，此人觀看法。觀看法者，此人觀看緣起。」這句子的資料（存在於巴利《中部》二八與《中阿含經》三十）現在仍常被引用。

　　這句子是存在於「世尊如此說」的經文中，這經文全由佛弟子舍利弗所言，釋尊未直接在此經中出現。

　　舍利弗曾經是六師外道之一的桑伽耶的弟子。而聽到釋尊最初說法的五比丘之一的阿桑齊說：「諸法由因而生，如來說諸因，以及其滅。」據說，阿桑齊聽了釋尊說的「緣起法頌」的詩句，翻然領悟，立刻追隨釋尊成為佛弟子，他與緣起說的關係本來即很濃厚。

　　如以上所述，緣起說在現實的諸相（尤其是苦）被與「生起」相關的論及時，一定會說到緣（也可以說是因）。若把「生起」當做「產生」來說，便要問到其生起時間的前後關係（原因與結果），這是把前後視為異時的看法。而若把「生起」當做「產生出」，可以解釋為同時的，則可歸結為論理的關係（理由與歸結）。包含著緣起的生起，有這兩種解釋。

　　把「生起」解釋為上述的前者，若是一直追究原因與結果，最後，便不得不問其始元與終末。但是，這樣便會與釋

尊所教示的「十（四）難無記」的第一項（世界在時間上是
有限或無限）抵觸。因此，在這個方面受阻，所以佛教在關
於世界或一切事物上，沒有完全的、具體意涵的起源論及終
末論。故而，在後世也有修飾為「無始無終的緣起」的例子。

　　無論如何，緣起說的萌芽，可見是出於釋尊的說法，但
包含釋尊說法在內的初期佛教的教義，被推定為集注於：涅
槃、三法印、中道、四諦八正道等的原型之說，與實踐結合
（《經集》中唯一的「緣起」之語的用例第 653 偈，這是在說
到實踐上有關因果的「業」的第 594–656 偈之中提到的，是
在總共六十三首偈的長文的教說中，以「業」為主題所說的）。

　　不久在推進這些實踐的理論化過程中，「緣起」或「法」
等的議論抬頭，這些渾然融合，在初期經典裡，實在有許多
緣起說，多種多彩地被說及，並且雜亂無章地口傳著。

　　其後，諸部派的學者僧把這些緣起說蒐集、整理、編輯、
確定，順觀—逆觀齊全，採用最整然的十二因緣說，從此以
後的佛教，包含種種變異並繼承著這說法。

十一、涅　槃

　　印度的古代思想家們曾舉出平安、安穩、安樂、幸福、
不死、彼岸等為理想、目的，把到達理想的境地稱為「解脫」。
釋尊也一樣有這種思想、理想的境地，梵語稱為涅槃（nir-
vāṇa，巴利語稱為 nibbāna），也有用平安或解脫之語來表達。
大概上面所言巴利語的 nibbāna 之語，即是漢語的音譯泥洹、

涅槃。

而涅槃之語與其用例，與耆那教相同。

涅槃的語根是「吹滅」之意的 nir-vā，與「去除掩蓋」之意的 nir-vṛ，但確實的例證不得而知。還有由上述後者衍生的涅迪（巴利語為涅普迪）之語，在佛典的最早期已可得見。

nirvāṇa（涅槃）之語固定下來之後，附有接頭辭 pari（完全的、普遍之意）的 parinirvāṇa 一詞，亦常常以同義語被使用著，尤其指的是釋尊入滅（死），經常只限於使用 parinivrāṇa 之詞（漢語音譯為般涅槃），此語也可作動詞。

涅槃是表示（煩惱）完全消滅的理想狀態，而從內外都平安這一點，兩者合在一起稱涅槃寂靜，涅槃寂靜再加上三法印之說在前面已述及。

釋尊在菩提樹下悟道，達成這涅槃。換言之，成道是涅槃的體會，因此喬達摩成為佛陀（覺者）乃至牟尼（聖者），因而可以評斷為：涅槃是釋尊、佛教的出發點，同時也是終極目標。

在《經集》或《法句經》等古老的經典中，認為涅槃是對愛執的斷絕，對欲望與執著的滅除，對無所有、貪瞋癡（三毒）的滅盡。以及詠誦：不生不滅、不虛妄之法、洲、真理、最高的安樂、智慧等。

而且如釋尊的展望，涅槃在這現世的達成，是佛教的目標，後代人稱此為現法涅槃（現在涅槃）。

若再探討，釋尊的悟道與說法，都把涅槃置於基礎。而《經集》中的數偈示說「捨棄這世與那世」。這「捨棄這世」是從世俗往彼岸，「捨棄那世」是從彼岸還到世俗。這涅槃的往還，有如此雙重否定的作用，而這兩者的連續，並非循環之圓，而是把主體螺旋地描繪著進行，被解釋為顯示出不斷地上昇及深化。

涅槃，尤其是般涅槃，被賦與著釋尊之死的意味，把本來意味的「消滅」，延伸為不僅是煩惱或苦的消滅而已，還擴大為存在全體之滅。

像這樣涅槃的內容的擴大乃至隨著轉換，把涅槃二分，而有殘餘涅槃（有餘（依）涅槃）與無殘餘涅槃之說。此說是從初期佛教的末期至部派時代開始的，這殘餘是已經解脫的生命體殘留著身心作用，例如釋尊陷入疾病時感覺身體疲勞等，指生理上苦的作用。

十二、慈　悲

關於實踐的諸主題之中，戒與律是徹底的平等，上述已論及。以下，記述在日本特別常被提到的慈悲。

愛一詞，在佛教被視為與欲望是同義詞，愛之詞因而被排斥，而揭示慈悲。但是，要向釋尊問慈悲，說來卻是稍稍離題。的確在《經集》裡，關於慈之偈，集於第 143–152 偈的十首偈，由一節（第一章第八節）所構成，是詠慈之偈。然而其中「慈」的字眼僅見於第 150 偈之一偈而已，而且此

章在全書中，這一節是屬於新成立的。

慈或悲在初期經典裡所見到的，猶如從患者的眼光來看醫師的例子一樣，指的是接受釋尊之教說而使自己得離苦的信者或佛弟子們，從他們這方重新來看釋尊，把他們對釋尊所抱的敬慕皈依的感動，以慈乃至悲來表現釋尊對眾生的慈悲心懷。

在《經集》的古層（第四章與第五章），另有比慈與悲更強調平靜意味的「捨」，再加上「喜」，總括為「慈悲喜捨」之例（術語化為四無量心）見於此經文，也散見於其他初期經典中。

無論如何，因為佛教初期經典被認為是由部派編輯的，說及慈悲的例子非常地少，其說法不但是淺顯，且也全神貫注於部派本身方面。因此其後，尤其是在北傳佛教的各地域（中國與日本也在內），將部派佛教（尤其是有部）貶稱為「小乘」，並把初期佛教也包括在內有其理由，同時，這也可說是在印度迎接大乘佛教登場的原因。

而關於慈悲的「救濟他人」的主題方面，在初期佛教經典中，成立比較新的《本生物語》之類的各種經文中開始鮮明地顯出來，而且這些所謂的佛教學，多半是出於門外者的文學作品，他們促進了大乘佛教運動的產生，這在前面已詳述。

第二章　部派佛教

一、法

　　部派佛教又被稱為阿毘達摩 (abhidharma) 佛教。abhi 是「對」，dharma 是「法」，abhidharma 即是「對法」，各部派所探究的中心課題即明確地存在於法 (dharma)，這在上座部的巴利文經典與有部的包含由梵文經典的漢譯中都已齊全。以上已述及。

　　以下是根據部派的阿毘達摩（論）中最好的論書《俱舍論》，來解明居部派最高位置的「有部」教法的重點。

　　《俱舍論》在界、根、世間、業、隨眠（傾向、潛在的煩惱）、賢聖、智、定共八章，附錄有破我品（品即是章）。前面的二章是法的體系，世間品是佛教獨有的自然世界（宇宙）觀，其次的二章是業與煩惱，聖賢品是悟道的世界，智品是獲得悟道之智，定品是禪定。以下引用其中關於「法」的分析與綜合之論來分別說明。

　　達摩（法）一詞，在印度普受重視，且被廣為使用，佛教亦仿效此種說法，並發展出獨有的達摩用例，其一是指教義，另一是指存在。達摩具有這二個字義，在有部的《俱舍論》之說中最鮮明，這大概是源自把存在與真理視為同一的態度而來的吧。

　　這裡所說的存在，並非是抽象的觀念，是指現實上以事實而存在者，這樣的存在遍滿於日常世界，而被稱為「世俗的存在」（世俗有）。但是，這些存在全帶有「滅」的性質，不論是在時間上、空間上，都不能免於毀壞。這些世俗的存在，既然必定會毀壞下去，則其被極小化而達到最終極限時，便是到了無法再毀壞的極微之境（這在印度哲學的維西卡(Vaiśeṣika) 學派，以及古代希臘阿那克薩哥拉斯的種子說也有此說，尤其是近於德謨克利特的原子（微粒）說）。極微是究竟的存在，被稱為「勝義」（第一義）的存在（勝義有）。不依存於其他之物，是自體存在的，以有部的術語而言，稱為實體的、具有自性的、自相上的，並主張這樣的自己存在即是「法」。

　　此法，不只存在於外界，從關於心理作用的同類議論，經過心的作用的分析，至最終要素的心理作用，此即勝義有，亦即是法。心理作用的考察佔著《俱舍論》的中心，詳細而精密。

　　有部之說，認為人對外界的存在，是直接由知覺而認識的，《俱舍論》之基礎的經量部，則認為人對外界是由推論始認識的（請參考本書第二部第四章的八、佛教論理學與認識）。

　　法，又分為有為法（訂制的）與無為法（非訂制的）兩種，這二分在初期經典裡已見到。無為法是永遠的實在，有為法的要素雖然是實在的，但不斷的生滅變化，而被認為是無常的存在。

　　對於法的分析，完成所謂五位七十五法說。首先把物（物質的）稱為色法，色法以下均與心有關。心，稱為心地，是心的種種作用的基礎。心的主體稱為心王，心理作用，稱為心所有法（心所有的法，簡稱心所，古譯心數），並有與心理作用不相應的心不相應行法（亦稱不相應行），以上的色法與心王以下的三種，計四種屬於有為法，另有無為法，計五位。

　　其中，色法有十一，心王一，心所法四十六，不相應行十四，無為法三。無為法的三種是：虛空（絕對空間）、擇滅（由擇力：即智慧之力而滅，指涅槃）、非擇滅（缺乏因緣而不可得之法）。

　　心所法再區分為：⑴一切心理作用的遍地大法有十法，⑵與善心相伴的大善地法有十法，⑶與一切污濁之心相伴的大煩惱地法有六法，⑷與惡心相伴的大不善地法有二法，⑸與某種污濁之心相伴的小煩惱地法有十法，⑹從以上的⑴至⑸獨立出來的心理作用的不定法之八法（《俱舍論》為四法，再加中國的註釋四法）。若各舉一例，則是：⑴受（感受）、⑵信、⑶痴（無知）、⑷無慚（不知恥）、⑸嫉（嫉妒心）、⑹惡作（後悔）等。

　　這些七十五法，均是獨立之法且實際存在的，具有自性（實體）。

二、 業

舉止行為，在印度一般稱為 karman，漢譯為「業」，在印度的宗教或哲學上最重視這業，也就是最重視一個人的舉止行為，直至今日依然如此。karman，是把所作、所為之意的動詞 Kr. 當做語根，此術語在古老的《奧義書》中亦說及，其與輪迴思想有關。佛教也擔負完成業思想的一翼，並由部派佛教大致完成。以下是以有部說為中心的記述。

業，是由心所思、口發出、身體行，這三種而成，稱為身口意三業（各由身業、口業、意業或思業而成）。三業緊密相連，例如口發出的話，一定是出於心有所思的；如果說出口的話是無心的，但佛教本來就認為不可能有這種事。

每一個行為，都在每一剎那，由未來導至現在，而現在化，而在其次的剎那，由現在消失，落入過去。而其一個一個行為經常帶著結果，行為即使消失了，結果則成為餘力、餘習，影響到其次的行為，有時甚至形成制約。

若舉出一個極端的例子，如手握槍—手指放在板機—手指扣扳機—放開手指，這些行為各在一剎那之間發生，並立刻消失。子彈從手槍射出—命中對手—對手倒地—死亡（殺對手），這些行為都在各剎那完成，接著屍體在那裡，要如何處理屍體，行為就這樣一個一個接連不斷。

如此這般由原因到行為，由行為至結果，其結果又成為原因又導出行為，像這樣業的連鎖延伸循環不息。

人（一般生命體）如同上例所言，從出生以來即是在各種行為的連續上，一直連續著至死，或者至死仍未告終。可以說，人（至少是成人）的業，帶著必須為其行為而負的責任。

簡單地說，多姿多彩的行為有其可能性，人選擇其中之一現實化，成為現在的行為。而行為在一剎那之間完成而成為過去，過去便是由以往的種種行為堆積著。

從這種情況來看，行為是一個一個獨立非連續的，同時又是連續的。再者，一方面行為有自發性與主體性，另一方面有其行為的責任與種種結果。業這術語即是對這些全部的總稱，對於人的行為，如此細細分析總體性考察的，全世界除了印度，無出其右。

依業說而言，行為屬於自己，其結果也在自己，其自做自受，即是「自業自得」，其長長的連鎖主體又稱為「不失法」。而顯露於外的是表業，不顯露於外的即是無表業，有部主張後者，在理論構成上，以其無表業為對象，立出無表色（這列入上述七十五法的色法）。

業說，說明善的行為導出善結果，惡行為有惡結果，這是日常的一般看法，即善因善果、惡因惡果的因果報應。

但是實際上，未必如此，在現實社會，也有人施善因，卻落到失敗，或被辜負，也有人造惡因卻成功，受人讚賞，因與果的結合產生差距，異變或逆轉等發生的例子也不少。像這一種轉換稱為異熟。

　　儘管如此，佛教對於人的行為，並不從結果論來看，經常採取動機論。而善因有一種滿足感，惡因有心不安或後悔等，從這點而言，善因樂果，惡因苦果。

　　佛教重視個人行為的主體性與責任，同時，因為個人行為亦會影響他人而具有社會性，更會因為多數者的共同行為而產生責任。像這種業的共有稱為「共業」，個人的業稱為「不共業」。初期佛教及部派佛教，尤其是有部，往往論及不共業。

　　自古老的《奧義書》以來，業與輪迴密切結合，佛教說，現世的行為，決定死後再生的世界。此說在當時至現在，成為全印度人，以及接受上座部佛教的南傳佛教徒牢不可拔的人生觀。

　　據輪迴說，人及一切有生命的眾生（satta、sattva，也譯為有情），死後一定會再轉生，其再生世界有天、人、畜生（動物）、鬼、地獄五種，稱為「五道」。其後在人與畜生之間插入阿修羅，稱為「六道」。而畜生、鬼、地獄，稱為「三惡道」。道也譯為趣，亦即，這輪迴的鐵則、業的果報不僅僅止於現世，其更將重點置於來世，延長至未來的生存，因此特別強調個人現在的行為。

　　業的思想，在中國或日本等北傳佛教中也強調，其從佛教初傳以來即很快地被採用，但是輪迴思想，在著重以現世為思考中心的中國與日本，則影響不大。例如在日本，自佛教傳來之前即有根深蒂固的祖靈信仰，這祖靈信仰阻礙了輪迴思想，死者長眠於墓，保佑生者，有時與生者溝通，這種

生死觀，直至現在幾乎從未離開過一般人的思想。

至於有關業感緣起，以下再略說一二。

這是把輪迴的生存以十二因緣解釋的，如下表，因為過去世與現在世，現在世與未來世重疊，而有著名的三世兩重因果，有部的緣起說為其代表。

無明、行　　過去世的二因

識、名色、六入、觸、受　　現在世的五果

愛、取、有　　現在世的三因

生、老死　　未來世的二果

而無明、行、取為惑，行、有為業，識以下是為苦之說也廣為人知。

三、時間論

佛教的基本思想「無常」，是把一切事物（但無為法除外）視為不斷生滅變化地流動著，看來連續的「業」，也是一個一個行為非連續的呈現。這猶似川流，雖然說有河川並認識到有河存在，但那是水流著的表現，而流水每一瞬都是不同的水。這裡便潛藏著「有」與「時」的問題。

首先，說明印度佛教對時間的術語：一年是一年，把一年十二等分的一個月是一月，把一個月三十等分的一日是一晝夜，把它三十等分的四十八分是一須臾，又把它三十等分

的九十六秒是一臘縛,把它六十等分的一.六秒是一怛剎那,
把它一百二十等分的七十五分之一秒(〇.〇一三……秒)
稱一剎那。相對地,也有時間的延長,最大的單位叫做劫(譯
音),那是超乎人想像之長。

上面舉出的最短單位的克舍那譯成剎那,而在法中的有
為法(訂制的),稱為一剎那生一剎那滅,其說法是:僅在其
生與滅中間的一剎那法停留映出,這停留的狀態,稱為斯第
第,漢譯為「住」。

初期佛教創立以上的生、住、滅三相之說,稱為「有為
三相」,在二至三世紀時大乘佛教的龍樹(主要著作的《中論》
第七章)也採用。但是《俱舍論》則舉出:生─住─異─滅
的四相。亦即,生是產生、住是停留、異是變化,滅是消滅。
其說法是:法(有為法)在一剎那生,只住一剎那、一剎那
變化、一剎那消滅。

這種情形若以電影的底片來做比喻,底片的每一格都是
靜止的影像,例如最前面的是未映出任何東西的一格,其次
是左端有人站立的一格,再來是站著的人向右側略移位的一
格,像這樣一點一點向右移動的一格格連續著,然後是其人
站立於最右端的一格,最後是未映出任何形像的一格。若把
這底片以某一定以上的速度,例如三十釐米底片的映象電影,
以一秒間二十四格,八釐米底片是十六格,或比這以上還快
的速度放映,在其映像中,看來其人先出現在左邊,逐漸向
右移動,最後消失於右邊。

而若再加以種種操作，便可獲得慢鏡頭畫面，或高速度映像。這從現在的電視等經常可以看到。

像這樣把本來靜止的各格畫面連續放映，便出現連續的運動。往時的印度佛教徒，把這類現象用「繩端點火，慢慢旋轉繩索，火會呈現出點狀而動，若旋轉加速看起來便像火輪一樣」來說明，這稱為「旋火輪」（這種思考方法與柏格森的時間論酷似，他的《創造進化論》裡，就有「一種內部的攝影機」之語）。

生、住、異、滅都在各個一剎那，在各個的無常之中，意識到時間。這種情形，並非要讓大家意識到四剎那的各自成立，相反的，卻是要大家意識、認識到法的生住異滅的剎那，亦即「時」的概念。這稱為：

時依法而有，別無自體，
時無別體，依法而立。

西洋哲學把空間與時間大約都總括而論，尤其是康德把兩者的感性以先天的形式，及不摻雜經驗的純粹直觀加以論證，為人熟知。在這方面，佛教如上所述，把空間約視為等於虛空無為法的先驗的看法，但對時間則主張依存於物（法），不認為時間是獨立存在的，換句話說，是視為由經驗的形式所產生的。至少關於時間，兩種思想的懸隔顯著。

而海德格 (Heidegger) 的《存在與時間》，與上述佛教有

不少相類似的共同點，不過在存在上，他偏向於佛教的時間無常。

　　表示時間的梵語，有 kāla、samaya 與 adhvan。kāla 以 ka（數）為語根，kāla ＝時間，是可以數數的意思。這看法與亞里斯多德的時間的定義（「由先」、「由後」的觀點所見的運動之數－「自然」）的說法相同。這 kāla 之語是一般最常用的。

　　samaya 是 sam 與 aya 的合成語，sam 是表示「共同」的接頭辭，aya 是「一同去」之意，也就是表示兩個乃至兩個以上的相會趨在一起進行之意，由此而產生時間的觀念。又從上述之意，而也有把《俱舍論》的 samaya 譯為「緣」的。此語用在佛典開頭的「一時」等等。

　　adhvan 的語源意思不明，只有佛教與耆那教的用例，其用法顯露出時間之意。adhvan 並不被視為時間，而將之譯成「世」，看來是指示時間（時間的存在）的進路（過程乃至場所）。佛典裡頻頻出現的「過去世、未來世、現在世的三世」都用著此語。以下記述這三世。

　　在印度佛教經常把過去、未來、現在並列。梵語即是：atita、anagata、pratyutpanna，這過、未、現（或稱去來現）的順序是一定而不變的。中國佛教也有稱為過現未的例子，但漢譯佛典還是寫成過、未、現，日本佛教者之中的道元（曹洞宗的始祖，1200–1253）則恪守印度佛教的傳統，寫為去來現（《辨道話》），還有古來今（《正法眼藏》古鏡）。

　　如此配列顯示出將過去、未來歸於現在，三世－三時的

中心經常是現在的。至於未來的 anagata，是由否定的接頭辭之 an 與 agata 的合成，其 agata 是 a（到這邊）與 gata（gam ＝去的過去分詞）的合成，因此，anagata 即是表示尚未到之意，與未來一致。正是表示將來之意，與基督教的世界末日觀的含意有異，反映出是徹底的站在現在，以現在為基礎展望今後的態度。

　　前面記述了初期佛教以現實中心的基本立場，特別是部派佛教的有部這種傾向格外強烈。有部的出家僧們專心勵行於實踐修行，並有修行的目標、目的。

　　修行的目標，其存在的場所在未來，其未來也必定是實際存在的。同時，以往的實踐，雖然說其行為實踐已經消滅，但其結果及於現在，其過去也一定是實際存在的。於是過去世、未來世、現在世的三世，一定是實際存在的，此稱為「三世實有」。

　　根據此說來進一步說明白些，實在的未來世有實在的諸法，從其中拉出一法現在化，這現在世的一剎那有一法實在，其後落入實在的過去世，在那裡實在，而且其經過之間，各剎那即是現在的，實在的現在之法，在未來世及過去世都是實在的。

　　而在上述的過程中，從未來諸法選擇一法的決定，在其一剎那面前的是落入過去世之法，即是留在現在世的結果，這些全體也可以說是主體之業。或說是在結果成為原因，原因又成為結果的這條線上，可評為有主體之業。雖然也有可

能獲得別的可能性的現在化,但那都是主體之業選擇的決定。

　　印度佛教，尤其是有部，對於時間之說，本來就難以空間化，在這裡姑且不管上述問題，試著以線來表示。

　　貫穿著過去、未來、現在的一條線，與主體之業的另一條線交鋒，而產生出兩條線相交的交點，這交點即是現在。不用說這便是屬於時間之線與業之線兩者。而且這一交點，在物理的延長上，可以說是對於被決定的時間之線，從這個主體自身基於業自由地描出的線而生出的。若畫上別的線，其交點便移到別處，那裡所呈顯出的現在也不同。如此以線來解說的時間論，便是有部的議論。

　　《俱舍論》對於三世，各從何而生，有以下四種說法：⑴類（狀態）的相異、⑵相的相異、⑶位（位置）的相異、⑷得（關係）的相異，把其相異舉出來各自詳述後再加以批判。然後，說明其中之⑶是最善的，並認為依作用不同而有不同的位置。即是：尚沒有諸法作用的名為未來，現在有作用的名為現在，作用已消滅的名為過去，而並非是其實體有異，這便是有部所歸納出的正確結論。

　　而對於有部上述這種「三世實有」之說，經量部則批判性地提出：「現在有體，過去、未來無體」之說。雖然過去曾有法，但現在則無（曾有），未來之法，當於今後有，而現在無（當有），主張僅是現在的法是實在（實有）的。

　　以上的時間論，是以《俱舍論》為中心而論的。除了龍樹之外，別的論師（尤其是日本的道元等），各自展開其不同

的時間論。並與西洋的思想史（哲學、宗教、科學等）的時間論多樣對應。

第三章　初期大乘佛教

一、大乘的諸佛

　　佛陀之詞，本來是覺者之意的普通名詞，初期經典裡佛陀的複數形屢見不鮮，如來（體悟真理者）之詞也一樣，但是佛陀、如來都逐漸被統稱為釋尊，這在之前已述及。

　　沿著佛教的源流，從初期佛教到部派佛教，再到其中自認是傳統保守後裔的南傳佛教，都恪守僅有釋迦佛一佛直至現在。現今在部派佛教新成立的經文，都不是出於佛陀之手，它們是由學者僧（論師）所著之「論」，而非表示佛說的「經」。但嚴格地說，在印度「經」與「論」無法清楚區別的例子亦相當的多。

　　從宣言新大乘而開始的初期大乘佛教，為了使其宗教清新鮮明，大約在一百年至二百餘年之間，樹立與釋迦佛（釋尊）有異之佛，其創作並非「論」而是「經」。接下來我們先談談大乘佛教所樹立的佛（諸佛）。

　　大乘之佛（稱如來亦同，以下如此）數量龐大，這些佛又分有名與無名兩種。無名的諸佛是指初期大乘經典的作者，因為他們是佛，所以才能夠自稱其著作為「經」，事實上就是那樣進行。但是正因為無名，這些佛的實像並不清楚。不得已之下，即使從所創作的各經來窺見其輪廓，也都不可能，

唯一確定的是：這些無名的諸佛是創作初期大乘經典之佛。

無名的大乘諸佛，本來就絕對不是釋迦佛，但也並非完全沒有關係。他們繼承釋迦佛教說的一部分，或加以擴大，或純化，或使其有深度，而且如此創作的經的中心，與初期經典一樣稱釋迦佛，其周圍的人也如以前的佛弟子同名（例如阿難、舍利弗等）。除此之外，如次項所述，伴隨著大乘諸菩薩的登場，對大乘經典的成立亦扮演著很重要的角色。

另一方面，則有許多有名（知道名字）的大乘諸佛產生。相對於以往的「悟道─解脫」的佛陀，大部分的大乘諸佛，是以救濟佛而活躍，這一點格外醒目。可以說從這裡便可看出一種佛陀觀的轉換，在這些諸佛之中，彌勒佛、阿彌陀佛、藥師如來、毘盧舍那佛最為人熟知，以下記述這些大乘諸佛。

彌勒的原語 Maitreya，是從 mitra 這個字而來，它與伊朗的彌斯拉神或印度一般的彌勒拉神有關係。普通名詞的 mitra 是親友之意，由 mitra 衍生的普通名詞 maitra 是表示友情、親切之意，它與 maitrī 都是相當於「慈」的原語。Maitreya 也是其類語，也有漢譯為「慈氏」的例子。

這彌勒佛被立為未來佛，現在住於曾經是釋迦佛居處的兜率天。對於在天上的彌勒佛，在地上苦惱的凡夫，但願能上生那裡，或祈願彌勒佛快下降（下生）來解救眾生。這兩種彌勒佛信仰，是彌勒經典（漢譯六種及其他）裡說的。

阿彌陀佛，是大乘諸佛之中最廣為人知的。其原語有 Amitābha（無量光）與 Amitāyus（無量壽）兩種，這二詞所

示的無限的光與無限的壽命，曾經是讚美釋迦佛的修飾語。

阿彌陀佛現在住於西方的極樂世界。其前生是法藏菩薩（比丘），這位菩薩在遙遠的過去世立志欲得無上的悟道，誓願（亦說本願）濟度眾生。於是在累積長久的修行後，終於達其成就，而在十劫（劫是 kalpa）以前成為阿彌陀佛。以上大體是《無量壽經》的說法。此願之說，各經典有異，當初是二十四願，其後增補為三十六願、四十六願等，甚至達到四十八願。

淨土之語是中國創造的，梵語稱為佛國土 (buddha-kṣe-tra)。阿彌陀佛住的極樂世界在西方，東方的阿閦是佛陀的妙喜世界；相對的，此外的四方、八方、十方的世界，都有住於各世界之佛，其中的西方極樂世界格外著名，據說大概是因為受到與西亞的交流或影響的緣故。

藥師如來（「醫藥的權威者」之意）是釋迦佛為一切眾生解決苦惱而被稱醫王信仰的復活，這顯然因為是最直接的救濟眾生而為人所知。藥師如來所住的世界稱淨瑠璃，設定於東方，正確地說法是，藥師瑠璃光王如來在其彼岸世界，諸種的藥師經典皆如此說。

據這些經典所言，這位藥師佛，在曾經是菩薩時起十二大願，累積濟度眾生之行，而這些都完全成就。在日本，當初對藥師的信仰很盛行，不久之後，大部分便轉為信仰阿彌陀佛。

毘盧舍那佛是 Vairocana-buddha（光輝普照）的音譯，

在初期經典，把釋迦佛比喻如太陽光輝，其光明充滿人間，即是其由來的根據。由光這一點看來，其與前述的阿彌陀佛（無量光）相近，被譯為遍照、光明遍照、淨滿等，在中國常常把毘盧舍那佛簡稱毘佛，或冠一個大字變成大毘盧遮那佛（舍改為遮）。而將其比喻為太陽而稱大日如來的，則是後世密教的中心所在。這二位佛在宗教學的說法上相當於超越神、最高神。

毘盧舍那佛在《華嚴經》裡代釋迦佛說法，在無數的國土各住一體的毘盧舍那佛與無數的諸佛不即不離。以這思想為中心而展開的《華嚴經》之精髓，在中國的唐代，形成華嚴思想這壯大而綿密的宗教哲學之世界觀。

上述之外，以固有名詞被稱的佛、如來，在大乘諸經典中出現，並在各經典中扮演重要的角色。這些經典中有名的諸佛與上述無名的諸佛數量相當多，而且各個具現平分釋迦佛諸特質，可以認為是釋迦佛諸特質的結晶。

大乘諸經典中的某一部經，大約即是一佛的教說，各佛把從初期佛教至部派佛教釋迦佛具有的各種理念，一一視為理想而加以確立。而且大乘諸佛，皆由於眾信者的篤信皈依，與受到信者堅定的信仰而昇華，其與信者的結合更加緊密不移。

若把這種狀況視為大乘佛教的全體而綜合來看，雖然他們總歸是一佛，但以全體而言是多佛的，或可以評為泛佛的。

歐洲也有泛神論的潮流，不僅是昔日的希臘、羅馬的多

神，從中世至近代，有時泛神色彩亦十分顯著，特別是與神秘主義有密切的關係，但自四世紀末以來受到支配歐洲的基督教之嚴厲壓迫。

而距今一百餘年前在歐洲興起的宗教學，當初認為包含泛神論的多神論是未開化的，一神論才是高等的，並妄想為是由前者進化為後者，而其理論也經過種種的檢驗。但是現在的宗教學，像這樣獨斷的一神論已經消滅，不論是一神或一佛，多神、多佛，泛神或泛佛，各自有著獨立機能的實態，此乃是今日研究的對象。

二、大乘的諸菩薩

菩薩之詞，是梵語 bodhi-sattva（巴利語是 bodhi-satta）的譯音。其中，bodhi 的語根是 budh，是悟道之意；sattva 的語根是 as（存在），是有生命者之意，鳩摩羅什譯為眾生之譯法雖已固定，但玄奘以降則譯為有情。

而 sattva 之語，也有本質、心、決意、志願、獻身、意識、勇氣、胎兒等之意，也有學者認為與古吠陀語的 satvan（英雄）有相近的意思。

把菩薩與菩薩摩訶薩相連的例子也很多，這摩訶薩是 mahāsattva（巴利語為 mahāsatta）的譯音，把此語譯為大士時，菩薩與開士（開悟的大士）之譯並列。

把 bodhi-sattva 音譯為「菩提薩埵」四個字的例子也有，不過是少數。這四個字的縮略即是菩薩，這又與前述佛陀

(Buddha) →佛 (Bud) 的例子一樣，菩提 (Bodhi) →佛陀 (Bod) →佛 (Bo)，或薩特亞 (sattva) →薩特 (sat) →薩 (sa)，語尾脫落，把兩詞合起來成為菩薩 (botsa)，這也可以說明其譯音的由來。在印度菩薩之語，只有佛教在使用。

　　菩薩的字義有種種說法，大都認為：「菩薩智、德及一切均傑出，現在雖尚未成佛，但一定會成佛之事是已確定的。」以下以此為重點加以敘述。

　　菩薩之詞在初期經典裡已登場，例如在《經集》的第 683 偈有一例。有部系的《中阿含經》與《雜阿含經》（後來插入的「阿育王傳」之處除外）裡雖然沒有菩薩之語的出現，但在巴利四部與漢譯及其他二部阿含經與律藏中亦屢次出現。

　　對各種資料加以嚴密檢討的當代文獻學中有如下的說明：

　　從初期佛教的最初期至其前半期，菩薩之詞並未存在，在初期佛典中所見到「菩薩」之詞或許是後代編輯時插入的吧。稍後，在釋迦佛的本生譚之類或佛陀傳等諸文獻創作的過程中，始產生菩薩之詞，這可從石碑的銘文中得到求證。桑濟 (Sāñci) 及其他最古的佛塔裝飾著佛教雕刻，其中若干簡略的佛傳互有關聯之外，還刻著當時的碑銘。

　　在佛教雕刻的初期，尚未見有佛陀之像，而是留著空白，或由幾種象徵（佛足石、菩提樹、法輪等）來表現。佛像的出現，不論是在西北部的犍陀羅或是中印度的馬得拉（何者較古的考據，現在仍然困難），都被認為是在紀元後一世紀末乃至二世紀以後。

例如阿索卡王在釋尊誕生地的倫比尼 (Lumbini) 建設的佛塔，或巴爾佛特佛塔的塔門與欄楯等，都刻著公元前三、前二世紀時代的佛傳，其碑銘在入胎或誕生的場面用的是「世尊」(bhagavat) 的字眼，並未寫成菩薩。

本來，把釋尊稱呼為世尊，是在其成道之後；入胎或誕生等是在成道以前，並不是世尊或釋尊，而是喬達摩（悉達多）。姑且不管上述名稱之正誤，銘文卻刻為「世尊」，可見當時各種佛傳雖已流傳下來，而「菩薩」之語顯然尚未成立。

在傳統保守的有部系的《中阿含經》裡，釋尊述往時是這樣說的：「我本未得覺無上正真道時」。

但在現存相當於這些資料的巴利文、漢譯、梵語文獻（四部與二部阿含經等），都是用「菩薩入胎」、「菩薩誕生」、「我尚未得正真道菩薩時」的「菩薩」之詞。

將以上兩者對比，則前者文意充分通順，後者定型句中的「菩薩」之詞，顯然是不需要的。由此可見，佛陀的傳記產生，在其口傳過程中，以及在現存的諸文獻確定的時代，插入了菩薩之詞，這一點由這些資料可得知。

可見菩薩之詞的起源在佛傳。即佛陀傳記的作者為了明顯區別成道以前與以後，而創作菩薩之詞。釋迦菩薩，或僅稱菩薩之事是可以得到證明的。那麼，若究問其用例的最古典依據是何書而進行探索，則今日的學界透露出，大部分佛傳文學的「燃燈佛授記」的故事被認為是最有力的。

此故事的情節如下：釋尊在遙遠的過去世，是一位名叫

摩迦（雲之意，也譯為善慧）的婆羅門青年。他遇到燃燈佛（定光如來、錠光佛）而發菩提心（求道心），燃燈佛預言：「汝在未來世將成為釋迦牟尼佛之名的佛陀。」這稱為授記。因此被點了燈火的青年，專注精勵於悟道修行。他得到授記，知道並確定自己將來會成佛。這一點與僅是修行者有異，同時，由於他尚未成佛，故從這特殊性創造了菩薩之詞來稱呼他。由其後修行的成果，果然菩薩成佛。但是關於佛陀的前生譚，各種文獻非常氾濫，無法推定初出文獻或年代。

如此產生的菩薩之詞，如上述，除了少數文獻之外，在種種文獻裡頻頻出現。因為是獲得授記而一定會成佛的菩薩，故亦稱為「佛傳的菩薩」。此即從初期佛教到部派佛教開始的菩薩。

不久，在述及眾多的過去七佛或各未來佛時也用這菩薩之詞，例如稱毘婆尸菩薩、彌勒菩薩。

進入初期大乘，佛被分為有名、無名，同時，菩薩也分成有名與無名。阿彌陀佛的前生法藏菩薩，正是有名的菩薩，藥師如來等也各立有菩薩之名。

與此並存，由菩薩思想的發展，誕生了一種放棄成佛、自始至終依然是菩薩、專心於解脫、尤其是濟度眾生的新大乘菩薩，其中最著名的便是觀音菩薩，這普及於大乘佛教榮盛的全地域。

觀音是 Avalokita-svara 之譯，Ava 是廣，lokita 是觀，svara 是音之意，合起來漢譯為觀世音或觀音，在五世紀初的

鳩摩羅什之譯已確定，但觀世音之中的「世」字來由不明。
現存的諸文獻中，都是 Avalokiteśvara，因為末尾是 iteśvara
（特別出色的、自在者之意），所以玄奘譯成觀自在亦非常恰
當。

　　世間的眾生唸誦「觀音菩薩」之名，而對這音（聲）觀
到了並成就其願的便是這位菩薩。觀音之中的音，相當於這
位菩薩的關鍵字。從這個作用而言，觀世音、觀音菩薩是相
當適合的，而且這比觀自在菩薩更有柔和感而親切，所以在
中國、朝鮮半島、日本相當普遍化。

　　觀音菩薩廣受庶民信仰，經過悠久的歷史直至今日。像
日本這樣的宗派佛教國，除了少部分的宗派（尤其是與淨土
宗有關係者），觀音菩薩大致上被一切宗派接受流通。

　　說及觀音菩薩之功德的《觀音經》，正確名稱是〈觀世音
菩薩普門品〉，這經文在鳩摩羅什譯的《妙法蓮華經》（世稱
《法華經》）全部二十八章裡位居第二十五章。換句話說，即
是把《法華經》的這一章獨立稱作《觀音經》。

　　從經典史的角度來看，認為本來這二部經是分別獨立的，
當時編輯現在所見的《法華經》時，才把單獨的短經《觀音
經》附加上去當作增補的篇章。（其中的第二十三章至第二十
八章，原都是各別成立的，之後才被附加於《法華經》）

　　至於正式名稱之中的「普門」，是表示觀音菩薩的臉面向
一切方向，此經並闡述觀音菩薩的濟度眾生是因眾生唸誦其
名，而使觀音菩薩的濟度向全方向擴大。而且此經，把觀音

菩薩的三十三種變身一一道及，其中可看出變成比丘、比丘尼、在家男女信眾、少年、少女等。

這些稱為變化觀音者，已知的有六觀音、七觀音、三十三觀音等。其中尤為有名的是：聖觀音（正觀音）、千手觀音（千手千眼觀音）、十一面觀音、馬頭觀音、不空羂索觀音、如意輪觀者、准胝觀音、楊柳觀音、水月觀音等。其中也有生於日本的女性觀音，可見觀音信仰的普及程度。

而觀音菩薩與大乘經典的關係也很深。

如上所述，在大乘佛教圈廣受閱讀的《法華經》中，《觀音經》被收為其中一章（第二十五章）。在北傳佛教最大眾化的《般若心經》（玄奘譯）中，觀自在菩薩在開頭登場，並對舍利子解說此經的全文。在《華嚴經》裡，指出觀音菩薩的道場在南海的補陀落山（普陀落伽山，譯為光明山），此經的主要人物善財童子在南方巡遊朝拜聖地時聽到觀音菩薩的教說。而這補陀落山的名字傳到中國、傳到日本，補陀落又成為日語的ふたら（補陀落），漢字轉寫為二荒（ふたら），其音讀轉為日光，那一帶是發自於山岳信仰的修驗道修行者的聖地，不久建立中禪寺，九世紀以降觀音信仰隆盛，一直至現在。十七世紀時改稱輪王寺，同時比鄰地建了二荒神社。

而在西藏以現身佛（活佛）被仰望的達賴喇嘛，傳說是觀音菩薩現世的化身。在首都拉薩的布達拉宮，就是源自梵語的普陀落伽 (potalaka)。

描繪觀音菩薩的圖像或雕像的數量也相當多，而且有許

多名品。除了印度的厄洛拉窟院之外,還有敦煌的千佛洞等,更別說中國、朝鮮半島、日本各地。其中屬於長老部的東南亞一些地方,雖然觀音菩薩像不多,但許多人依然知道。在日本還設有每一寺各祀奉一尊觀音的三十三寺,要巡禮這三十三所觀音寺,須起自西國(關西),而行至坂東(關東)、秩父等,這些觀音寺自古至今,依然隆盛。

亦有一說是觀音菩薩可能是基於印度教的神格,而在佛教內部產生的,最近這種說法在部分地方也相當盛行。

觀音菩薩之外,以下列舉具有特定名稱的菩薩。

文殊菩薩是文殊師利 (Mañjuñri) 的音譯,又音譯為曼殊師利,或譯為妙德、妙吉祥等的稱略,在《般若經》裡頻繁登場,解說大乘的教說,尤其智慧出眾。

普賢菩薩(普遍受祝福之意,譯為遍吉)在《華嚴經》裡扮演著重要的角色。實意修行與意志是其特徵,騎著白象之像眾人皆知。文殊與普賢菩薩都是純粹由佛教內部誕生的。

以下敘述的諸菩薩則受印度文化的影響。

勢至菩薩(得到勢力之意),常常冠上「大」字。智慧及意志傑出,致力於救濟眾生。

虛空藏菩薩(虛空的母胎),象徵無限之知,在密教的各種壇中登場。

地藏菩薩(大地之母胎),在印度佛教中也於後期產生,之後的情形不明,但之後在中國及日本末法思想風靡時,格外受到篤信一直到現在。

　　在印度廣為流布的輪迴思想，在中國或日本並未被全然接受，因為有佛教傳來以前的固有來世觀之故。在日本對於死者（尤其是對意外之死）祈其冥福，與庶民求現世之利益，而使人祈求地藏菩薩以達到其願望。因為其地藏之名，在日本，寺院墓基地的入口、野外的叉路、路旁等許多地方，都祀有地藏菩薩的立像，這地藏像的數目比天主教信徒所立的瑪利亞聖母像還要多。

　　除了以上之外，尚有許多廣為人知的菩薩。大乘經典裡提到的菩薩，也有不少是略去名稱，僅記其數目的例子（例如幾百、幾千、幾萬的菩薩）。

　　以上的諸菩薩，除了最早被舉出的法藏菩薩之外，均未得到授記。不但如此，還有像觀音菩薩這樣格外顯著的，自己起初就放棄在未來世成佛（作佛），只專心於服務眾生或救濟眾生。

　　可能是由於在家信眾的期待與需求，大乘的諸菩薩更擴大而捨棄特定名稱，無名地完遂菩薩之道，這樣的菩薩應時出現。這些菩薩以釋迦佛完成的「自覺覺他行窮滿」為模範，效法其在現世普遍實現救濟自己與利益他人的願望。像這樣的菩薩，真正符合「大乘菩薩」之命名，而且這是所有信仰大乘佛教者深刻的理念。

　　如此的大乘菩薩，是所有眾生中的一員，可以稱為是「凡夫的菩薩」（誰都能成就的菩薩），但是既然是菩薩，就得發自菩提心，更努力地以利他為目的而精進不懈。

　　如同由釋迦佛擴散至大乘諸佛一樣，菩薩的擴大更勝於此。大乘諸菩薩由佛傳菩薩而大大地擴大其範圍，任何凡夫只要勵志都能夠參與，並以這種狀態登場，專心致志地推進大乘佛教。如此一來，可以說僧俗之別的劃分已形同虛設，不論是出家為僧或在家為俗，有時甚至因為是個人私下的愛好，而能夠使其創作更新、更順應大乘諸經典的理想而廣為流傳。

　　在初期的大乘經典裡，有不少例子把講經的人稱為法師。法師是初期經典的各種歌詠者、朗誦者、解說者，部派佛教文獻的一部分即記錄為經典朗讀者。

　　進入初期大乘後，經典朗讀者因為有「法師」這新的名稱，以大乘獨自的說法者而出現，從在家信眾的指導者，轉變成為站在大乘佛教指導者的地位。他們是否為大乘經典的作者不無疑問，但至少是經典的編輯者、推進者則可說是確實的。

　　這些法師無法斷定是出家者或在家居士，但他們積極勸導信眾對經典的受持、誦讀，並加以解說，與強調崇拜經典的重要。大多數的法師對佛塔的崇拜持批判的態度，其中許多人是反對崇拜佛塔的，鼓勵信眾對新成立的各種經供奉鮮花、上香，對「經」禮拜供奉，促進「經」的絕對化。從有女性名詞的法師可證明，也有女性法師及其活動。

　　總之，概要是這樣，察看初期大乘經典的出現，若把經的成立順序概括而言：(1)產生經的核心，(2)成立經的原初形

貌，⑶在經的傳承之間，增廣、補修、插入、追加等，有時刪除、縮小、抄出等，⑷完成現存的經。

這種過程，初期經典與大乘經典都一樣，至於⑷的這一項，初期經典大都由部派整理，初期大乘經典則由中期大乘所編輯。

三、初期大乘經典

經典的誕生雖然在印度，但因為印度人欠缺歷史的觀念，所以完全未記錄經典的成立史，尤其是大乘經典（包括論書）的成立年代，連其順序都完全不明，僅留下少數由別的引用而能推定年代的例子而已。但為了彌補其概要，中國翻譯的經典有記錄。不過本來可從漢譯佛典上推論出成立年代，但是對佛典生疏的古代中國，所殘留的可說是更不明、更不詳的資料；所以，能推論出其大約年代是經過種種研究的結果。

完成大乘經典最初漢譯的是月氏族出身的支婁迦讖（簡稱支讖）。他在後漢的桓帝（146 年－167 年在位）的末期來到洛陽，在公元 178 年至 189 年之間，完成十二部二十五卷的漢譯，其中現存的有八部十九卷。這些都是原初形貌，但包括著般若系、華嚴系、阿閦佛、阿彌陀佛、觀佛、心性清淨、文殊菩薩、三昧系等，這些原典被認為在印度是大約於公元 150 年以前成立的。

般若經

在般若經裡最先宣言「大乘」之詞，而且在其後近一千年期間，各種般若經在印度產生，這些經相繼被漢譯，漢譯般若經合計達四十二種。其中在一切佛典中有最小的《般若心經》與最大的《大般若波羅蜜多經》，後者六百卷，約達五百萬字。這二部經與《金剛般若經》、《理趣（般若）經》都是日本人熟悉的。

至於這麼多的般若經典群，都是以般若波羅蜜經（有許多冠摩訶）為名，為避免混同，多以其第一章的名稱或大小等別稱加以稱呼。

大乘之詞的初出，是在支婁迦讖譯的《道行般若經》的〈道行品〉第一章中出現的，將 mahāyāna 以「摩訶衍」的譯音登場。這第一章，被認為也是此經中最早成立的。但這部經中並未出現「小乘」(hinayāna) 之語，直到由其經所發展的《小品般若經》（鳩摩羅什譯，公元 404 年完成），與別系統的《光讚般若經》（竺法護譯，公元 386 年）之時，始出現「小乘」之詞。

梵文本（八千頌、二萬五千頌、二千五百頌、七百頌等，頌即是偈）與西藏文譯本（上述的各譯）及漢譯本，合計約七十五種現存般若經，全是說「空」的思想。在龍樹完成「空」的理論化之前，未必可評定般若經已將之說明完全。雖說如此，人生的現象都是無常不實的、本性皆空的見解，任何一

部般若經都徹底的闡明，對於「空」的說法極其反覆、煩雜之能事，可說淋漓盡至。

「空」的實踐方法，是強調「心裡有欲而不求」、「不執著」，這與初期佛教的無我說相通。其實，部派之中最強大的有部之理論，是把本來的無我說縮小，將其限定於只適用於人，對於「法」主張實有，並嚴厲批判專念於法的體系，這不外乎就是般若經所說的「空」。

般若 (prajña, paññā)，自初期佛教以來，即表示智慧之意，是洋溢著直覺的、綜合的特徵之智慧，與分析的、理智的知（知識）在根本上是不同的。本著對什麼事情都不執著的「空」，以般若之智直覺洞察一切事情，便是般若經所要說的，並再三強調「空即是空」（空亦復空）。

而對這「空」體悟的即是大乘的菩薩，這與通常的佛弟子（聲聞）或孤獨的聖者（稱為獨覺、緣覺）大不相同，而是極力主張要經常結交他人、要關懷他人、為他人盡心盡力（稱作利他）。

這用直截了當的話來說便是波羅蜜，經名也以般若波羅蜜經來命名。

在這般若波羅蜜經成立以前，還有經文早已失傳而只留下《六波羅蜜經》的經名，研究者推定這經大致是講述須身體力行布施、持戒、忍辱（忍耐）、精進、禪定、般若等這六波羅蜜。而這六項被認為是以初期佛教的八正道、五根五力（信、精進、念、禪定、智慧）及簡略化的戒、定、慧三學

為基本，並參考部派說的實踐論，而逐漸成熟結實。即是把所傳的持戒、精進、禪定、般若這四事當做自己實踐的德目，再加上與他人有關係的布施與忍辱，即成為上述六項，因其皆伴著波羅蜜，而構成六波羅蜜。

波羅蜜是 pāramitā 的譯音。pāramitā 是將 pārama（最上、完全之意）變成陰性形 pārami，再加上把字抽象化的名詞接尾辭 tā，用以表示完成、極致的意思。

但中國和西藏顯然是故意忽視其原意，將 pāramitā 另外說成是 pāra（他、彼岸，其目的格為 pāram），加上 i（去）後，再附加 tā 所構成，即產生偏離原意內容的解釋，而譯成為：到他方、渡彼岸、到彼岸、度（渡）。在這種誤譯上，北傳的大乘佛教成立傳來而繁榮有其歷史（此嘗試有梵文註譯，被指稱是偽的文獻學）。

六波羅蜜並列，卻特別選中第六的般若波羅蜜，這被解釋為般若波羅蜜是用來支持其他五項的基礎，以般若波羅蜜為主題，才成立般若經，而這成為大乘的宣言。

這般若波羅蜜的內容，是上述「空」的徹底闡明。例如布施帶著般若波羅蜜，布施波羅蜜昇華，布施即由施者、受者、施物三者所構成，這三者之中缺一，布施即無法成立，這便由般若的智慧而得知。那麼，這三者並非一一獨立實在的，三者都是空的，即是不執著於其中的任何之一，而又把這稱為三輪清淨。此理論由其他五者各各所施，即成為各波羅蜜，這些的根底都是般若波羅蜜。

如此這般的「空」，也反映「業說」，把向來的自業自得、因果應報，自己應得的果，開拓出方向內容都可變更轉向其他之途。特別是由善因而得的善果（這種情形稱功德）轉向他人的迴向思想，在般若經中構築出來。這與大乘佛教的慈悲—利他思想都有很深的關聯，尤其頻頻出現於淨土經典。也有人把迴向歸於由印度教的學說而來。

日本人最熟悉《般若心經》。其中的「色即是空，空即是色」的對句，表現出物與空完全一致，物是那樣空的，沒有任何固定的實體，同時，說明空即是實體的，以五蘊的其他四蘊（受、想、行、識）反覆說明。這經的末尾添著「揭諦揭諦……」的真言之呪。這是把本來「空」的智慧的般若波羅蜜，與真言相連，映出密教的影子。

《般若心經》除了現在流通的小本之外，還有大本。其梵文本的貝葉（把乾燥的貝多羅葉做為筆記用）由日本的遣唐使歸國時帶回（在中國則漢譯後，原典的貝葉全捨棄），小本存於法隆寺，大本則傳於大和的長谷寺，其他外地的皆已失傳。

維摩經

《維摩經》的成立稍晚，把般若經所講的「空」，講述其實踐的 Vimalakirti（音譯為維摩詰，簡稱維摩，譯為淨名）的故事，全經洋溢著戲劇性。

維摩是當時居住於印度商工業中心地維舍利的一名世俗

者，既有家室又有資產的在家信者（稱居士），他也出入聲色場所。同時他的言行又顯露出已磨鍊過「空」的思想，舍利弗等一些佛弟子都對他表示心服，是在家佛教的典範。

當維摩生病時，他對於來探病的文殊等等菩薩說：

> 一切的眾生會患病，因此我生病。若一切眾生的疾病消滅，我的病也滅。……眾生病時即菩薩亦病，眾生的病癒則菩薩亦癒。……菩薩之病由大悲而起。

對於佔教說頂點的唯一絕對的「不二法門」，總共有三十一位菩薩各自敘述其自說。然後，文殊菩薩說：「若如我意，則於一切之法，無言、無說、無示、無譯，離開種種問答，此為入於不二法門。」表現不能口說。最後問維摩的意見，「那時維摩詰默然無言。」維摩經如此記載，讚賞維摩以沉默來表示實際上的不能表現。

因此，聚集的五千菩薩皆入不二法門得悟道，其沉默與釋尊的無記態度一致。

《般若經》裡把般若波羅蜜當作「佛之母」，相對於此，維摩經則將其當作「菩薩之母」（般若波羅蜜的梵語是陰性名詞），並把方便（是陽性名詞，指手段）當作「父」。也有一說是把法喜當作「妻」，慈悲心當作「女」。

維摩經引用《大毘婆沙論》的一文說：「佛說的一音使眾生各自理解。」把對機說法的應有狀態從另一面來證實。

華嚴經

《華嚴經》是《大方廣佛華嚴經》的簡稱，方廣表示大乘，佛華嚴是佛完備深遠的悟道以花環裝飾。其原典是《十地經》與《入法界品》各別的二部，各經已古，有梵文本也有漢譯本。現存的《華嚴經》，其漢譯本有從五世紀初的六十卷本，與七世紀末的八十卷本，另有《入法界品》的八世紀譯的四十卷本，各經通稱六十華嚴、八十華嚴、四十華嚴，其中的六十華嚴，自古以來即被廣泛閱讀。

《華嚴經》莊嚴華麗的內容，規模雄大地展開，內容不光是由佛親自說教，還有由普賢或文殊等菩薩，發願接受佛的神力、讚美佛。說法的場所來回於地上與天上，計及七處。

書中並宣言這位佛與充滿光明的毘盧舍那佛是一體的。而且其教說，在空間上時間上，個（個別）與全（普遍）相即，在「一」之中即一切，一切之中即具現一，展開一即一切，一切即一的宗教哲學。

又以滿數的十來說明一切，使其無限性與完全性清楚分明。

例如經中將六波羅蜜添加了方便、願、力、智這四波羅蜜，變成十波羅蜜開始，詳述十行、十迴行、十念等。

尤其是把菩薩的階段分為十地（亦稱十住，是 daśabhūmi 之譯，為十階段之意），此說已在華嚴經的前身《十地經》中顯示出。

十地有二種：⑴佛傳文學的《大事》（大眾部系）中所說

的。這是繼承各種般若經的十地，從凡夫到聲聞、獨覺、菩
薩、佛共通之點，而稱為「共十地」。⑵僅限於菩薩的不共十
地，僅華嚴經獨自所說。

《華嚴經》獨自的這不共十地，從獲得大乘的正智慧之
喜的歡喜地開始，接著經過守戒心離垢的離垢地等，到達第
六的現前地，具備大智，完全體得十二因緣。而且這第六地
有最著名之文：「三界（眾生居住的全體世界）虛妄，但是
一心之作。十二（因）緣分是皆依心。」即是完成一切歸於心
之主張的唯心思想（唯心思想從初期佛教以來已強調，導向
其後唯識說等的中期──後期大乘）。在第七的遠行地完成菩
薩的修行，在第八的不動地到達佛，在第九的善慧地教化眾
生。第十的法雲地，是一切圓滿具足，其智慧被比喻為大雲。

《華嚴經》的終章「入法界品」，以善財童子的少年展開
修行週遊的大故事。他求佛道，首先會見文殊菩薩，然後是
比丘、比丘尼、醫師、長者、在家男女信者、童子、童女、
娼婦、漁夫、婆羅門僧侶、外道、王、天、仙人，再回到見
文殊菩薩，最後會見的第五十三個人（其中女性十名）是普
賢菩薩，把文殊之智與普賢菩薩之行完全吸收，達到悟道，
迎接完結篇（日本的東海道五十三驛站，即是源自上述數目）。
入法界，是大乘的菩薩成為如來佛，如來佛現前之意，這如
來的出現，特地稱為「性起」，成為其後中國的華嚴宗及禪宗
系統的中心課題。

《華嚴經》有「初發心時，便成正覺」之句，現在即使

是日本，在寺院、在家信者最廣泛誦念的三皈依文（「自皈依佛、法、僧」）之句（六十華嚴的淨行品）也是出自於《華嚴經》。

淨土經典

淨土之語產生自中國，相當於梵語的佛國土。在大乘佛教，除釋迦佛之外，立有大乘諸佛在其國土之中，東方的妙喜世界與阿閦佛，以及西方的極樂世界與阿彌陀佛最為人所知，尤其是極樂世界最受北傳佛教重視，在中國與日本都為淨土宗所滲透。

與淨土宗有關係的漢譯，自古以來幾次被翻譯，又由某種形式述及與阿彌陀佛關聯之說的漢譯經論，現存的約達二百九十部（梵文本三十一部），依學者調查的數據，這相當於大乘經論的五分之一強。

開創了日本的鎌倉新佛教的法然（源空），從諸種的淨土經典中，選出《無量壽經》、《觀無量壽經》、《阿彌陀經》，稱為「淨土三部經」，在中國與日本全以這三部經來說淨土宗。而各簡稱：《大經》、《觀經》、《小經》。《大經》與《小經》，以極樂的莊嚴為題，篇幅與內容互異的梵文本有兩種。大經的漢譯現存有五本，但《觀經》的漢譯僅有一本，對於這是否在印度成立的尚有疑義。

大概是最初成立《小經》，讚美極樂世界與述說對阿彌陀佛的信仰。其後不久，加入法藏菩薩的故事產生強調阿彌陀

佛的慈悲的大經，其結尾詳述與以上相逆的凡夫的三毒、五毒之惡。後來創作的《觀經》，從弒父王的阿闍世王的故事到想念阿彌陀佛，倡導念佛。

淨土宗把優秀的少數精英專念實踐修行的佛道，稱為「聖道門」，與其疏遠，僅念充滿慈悲的阿彌陀佛，皈依這相信念佛本願的為淨土門，強調尤其是末法之世的凡夫，很適合這易行道（此語見於據傳為龍樹所著的《十住毘婆沙論》）。又把聖道門稱為「自力」，淨土門稱為「他力」，「他力」的「他」即是指阿彌陀佛。這些區分、名稱皆始自中國。

本來在初期佛教中都把信置於五根、五力之首，進入大乘後，《華嚴經》裡有：「信乃道之元，功德之母，增長一切諸善法」，又《大品般若經》之註釋的《大智度論》中說：「佛法之大海，能入信，能度智（般若）。」佛教由信開始是一貫的。但是後來常用信仰之詞，在日本是自明治時代因基督教的傳道才開始的，佛教也開始使用信仰這字彙。

法華經

像《法華經》這樣深受大乘佛教徒愛好的經典，恐怕無出其右。有著多種語言的版本，各地都有法華經的寫本或斷片。梵文本裡有著混淆了佛教梵語的韻文，漢譯之中鳩摩羅什譯的《妙法蓮華經》，超越時代、國土、宗派等框框，壓倒性的受到多數讀者的喜愛，及至今日。這裡也以此為標準。

現行的《法華經》由二十八章（梵文本二十七章）所構

成，第一章至第十四章為前半，之後為後半，前後二分，而
後半的第二十三章以下是附屬的（其第二十五章是上述〈觀
世音菩薩普門品〉，即是《觀音經》）。

　　前半部中心的第二章，便以「方便」為題。

　　此章，把聲聞（聽佛的教說而學佛的弟子）與獨覺（獨
自悟道，其他不說。亦稱緣覺，鳩摩羅什音譯為辟支佛）與
菩薩的三乘各自以成佛為目標，一切歸於一佛乘，而二乘、
三乘不過是教化方便的應機說法而已。此方便的說法是多方
面的：積土造佛陀的靈堂、少年遊戲地集砂作佛塔、用樹枝
或筆或指甲畫佛像、合掌低頭向佛像禮拜，就算只誦唸一次
南無佛（皈依佛）等，也可導向成就佛道。此章中如是說。

　　從第二章開始，在此經的前半，首先用了「小乘」之詞，
大約這是全大乘經典之中最先使用的，其使用的次數也不少，
把一切集注於導向一乘、一乘佛。

　　《法華經》後半的中心，是第十六章的〈如來壽量品〉
（如來壽命之長）。這一章裡，闡述釋迦佛到達入滅之說乃不
過是為教化眾生的方便，真實的佛在永遠的昔日達成悟道，
在無限持續的時代教化眾生。此內容即為「久遠實成之佛」，
之中夾雜著譬喻來詳述。

　　這久遠實成之佛的說法最受重視，經的後半部分為本門，
前半稱迹門。這是基於後半乃是佛的本體，前半是顯示佛的
救濟之迹的二分說。

　　《法華經》的全篇反覆獎勵誦讀、受持、解說（此三者

為早)、書寫、供奉此經這五者，並自稱法華經是諸經之王。經裡與佛塔有關聯的記事也不少，但已捨棄崇拜佛塔，移至崇拜經典。第三章並以偈歌詠：「今此三界皆是我有，其中眾生悉是吾子。」顯示出佛的慈悲。

至於被稱為「法華七喻」的七種譬喻等，則表現出《法華經》的文學性。其中，把這人世間比喻為「火宅」（因火災燃燒的家），把要從這火宅救出孩子們的三種車(比喻為三乘)的故事（第三章），以及離家出走的少年，在外流浪五十年，最後不知那是自己的家而回來，父親以種種的方便迎接他（第四章）的故事等，格外為人津津樂道，經常被人引用。除此之外，女人成佛之說的第十二章也很有名。

除去《法華經》戲劇性豐富且具有文學性的一面，其主張其實相當激烈，也有過激的一面，反映出純粹與徹底，同時，也會令人不禁想像信奉該經的人們會不會是一種特殊的團體。

而經名之中的「妙法」，梵文本稱薩達摩，是指正法之意。比喻出汙泥而不染的白蓮花。

其他的初期大乘經典

初期大乘經典中，有一些稱為三昧的經典，它們是入於禪定心而被統一歸於平靜的三昧，故將其附在經名上。被認為是最古老的漢譯大乘經典是支婁迦讖的譯本之中的《般舟三昧經》，這音譯的原語，是指三昧之中佛的目光所見所表露

之意，近似觀佛三昧。這被推定為是源自從禮拜佛像的修行而體得的宗教經驗，相當於京都比叡山所實踐的常行三昧。

同樣是支婁迦讖譯的還有《首楞嚴三昧經》，但已散佚未流傳下來，可是有鳩摩羅什所譯的同名之經。首楞嚴是譯音，表示可由三昧之力把一切之污或煩惱打碎之意。顯露出修行者勇往邁進的禪定之力的偉大，具現文殊菩薩。

又有以文殊菩薩為主題，或以文殊的活躍為經典的也不少。

而三昧是薩摩迪，禪定為迪雅那的譯音，三昧經典有很多譯音。三昧與禪定原來都發自印度的瑜伽，不論是在日常生活上或非日常生活方面都專注於一種靜止之行，後來在中國人的愛好之下形成禪，也傳到日本，禪的歷史已十分悠久，現在擴大至全世界。

除此之外，有《大寶積經》及《大方等大集經》，都是經過長久的歲月集合著雜多內容的大部之經，並混雜著一部分的密教要素。這之外的經也有不少。

其次論龍樹所著鳩摩羅什譯的《大智度論》，其中引用非常多的經，光是經名即達一百一十二經。其所引的一百餘部經都位居佛典，其經名的有無被當做初期大乘經典成立史的一個標準。依此根據，可知以往所記載的經典中的數種，尚未達到當時的現存之形，其一部分是單獨成立的。例如阿含經等的初期經典也是到了部派才終於得以現形固定，同時，由此可知種種的初期大乘經典，乃由以後的中期大乘加以編

輯而成為確定的形式。

四、龍　樹

　　就在初期大乘經典（乃至其原形）大致齊備的時候，大約是在公元 150 － 250 年時，從世界思想史上看來亦是傑出宗教哲學家的龍樹登場了，尤其是對於「空」的思想出色地理論化。龍樹構築了初期大乘佛教鞏固的基礎，因為後來的大乘佛教一切都在他的影響下發展，故被尊崇為八宗（一切之宗）之祖。

　　他生於南印度的婆羅門之家，精通當時的一切學問，其後轉向佛教，學習初期佛教與部派的諸說，不久移居東北印度學習大乘佛教。

　　除了主要著作《中論》之外，尚有《迴諍論》、《六十頌如理論》、《寶行王正論》、《勸誡王頌》、《菩提資糧論》等著作，除一部分之外，梵文本、漢譯本、西藏譯本俱足。而《大智度論》（《大品般若經》之註釋）與《十住毘婆沙論》（《十地經》之註釋）與《十二門論》（從《中論》抄出）這些僅有漢譯本傳下，其餘失傳，雖然這些是否全部是他的著述尚頗有疑義，但對後世的影響的確相當地大。

　　龍樹晚年回故國，與保持南印度四百年以上安定局面的薩塔哇哈那王朝之王交流、進言。

　　《中論》的原版本不明，從五世紀初期的鳩摩羅什譯本至七世紀的月稱之註，計有六種註釋書現存。

　　《中論》約有四百五十首偈區分為二十七章。書中，對
於語言、實體（本體）、運動、機能、原因與結果、主體與作
用、主體與客體等，以及佛教的諸術語徹底的考察，簡單地
說來，是否定實體的思惟，由複雜的相互關係而成立，道地
地徹底完成「空」的特色。

　　書開頭的八點否定（八不，否定一切事物），與他獨自的
緣起說與戲論寂滅相連。強調對於語言本身，不論如何期待
它能完全盡意恰當，也無法免於由語言本來擴大而生的虛構
性，自然有其界限是很明顯的。同時，若以語言不可避免的
虛構與界限為前提，以下語言議論的表達情形，都涵括在這
八不之內。

　　《中論》把日常上的思考與佛教的種種術語舉出來，而
指出其中潛藏著事物的獨立而實在的機能這種觀點，並把這
種看法，歸納為「自性」這術語（尤其是有部或正量部所說
的）而嚴加批判。自性，經常保持著同一性，其本身的存在
稱為本體，也可以稱為實體。以這作為其批判的根據，建立
他獨自的緣起說。

　　即是一切事物，經常與其他的事物有很深的相互依存關
係，在這上面，其事物始成立。而《中論》解說，從其存在
至運動或機能的一切，自己同一與單獨的存在都不可得。其
理論是，這一切都有其相依關係。這個關係是同時包含著相
互肯定與相互否定兩者，而且《中論》明示，它是富於流動
性的，極其複雜的，如此由相互依存關係的解明即相當於他

的緣起說。

　　緣起的術語，在初期佛教及部派佛教的教理上都經常被使用。但那僅是說及從因到果的單方面的關係，而且因、緣、果都是實體的捕捉。而《中論》之說的緣起，是以上述可逆的相依作為特質，因為其徹底，一切都由這緣起造成，因此，「自性」消失。把「自性」的否定以「無自性」術語化，一切的事物在無限的相依與經常變動之流裡浸著。如此一來，那些事物反而擴大自由的作用。以語言的否定重疊帶來不小的解放感，那樣的場面，「空」的基底平地便被開展出來。

　　初期的佛教、初期的般若經典，以及中期大乘的論書，都揭示否定，同時把「欠缺」表現為「空」這一詞，例如「室內無牛」，稱為「牛空」，這便是表示「欠缺牛」，但包含著室內「有人」，這是說，即使是欠缺的，但還是有什麼殘餘著。

　　對此，《中論》徹底地用「緣起－無自性－空」的一貫立場。因此，上述的牛、人、欠缺、殘餘，都不是實體存在的，也並非是認識的，一切都換到假的相對的情形，把否定毫不躊躇地反覆使用。

　　像這樣「空」徹底排拒實體、實體化，進一步說，即使以它做為述語，也絕不做為主語（若以西洋哲學為例，其表現相當於亞里斯多德所說的純粹形相——神）。亦即《中論》對一切事物的結論是「空」的，不許空對象化。

　　於是對一切的執著，包括對於空的執著，都自然地消失了，《中論》說，這與所謂「相對的假說中道」連接。而且這

「中」字僅使用一次（第二十四章第十八偈），而有《中論》的名稱。

《中論》又預設了兩種表現真理的二諦說。即是，舉出相對成立的語言而說示的真理為世俗諦（亦稱俗諦），與超越語言本來界限未及相對性的第一義諦：「諸佛因二諦而為眾生說法。」（第二十四章第八偈）。

如此對於在日常上相對的真理加以認定，可是對於其據以思考的固定實在的實體卻徹底排除，引導向自由而踏實的、充分的實踐，前者是由緣起，後者則由無自性——空所支持。

「空」這個字，在《中論》的偈裡，鳩摩羅什譯本裡四十一首詩見五十八次，梵文本裡三十八首詩見五十四次，自古以來非常多的研究者對這「空」有種種論說，例如：無實體、相對性、界限、無限的否定、自在、解放等。

且把《中論》擺在一邊，從另一方面來說明。

「空」這個字，梵文是 śūnya（形容詞，名詞則是 śūnya-ta，空、空性），這個字是由一個人名、時代均不明的印度人所發現的「0、零」的原語，這個字不單是無，也不單是有，而是同時是有，也是無，又既不是有，也不是無（例如 102 之數中的 0），發揮充滿矛盾的多面性。

從 1 開始的正的整數，稱為自然數，很古以來已有，但 0 之數，如果未被發現，一切自然科學之根底的數學（近代數學）將失去其根據。由於 0 之數的發現，而使得負（減）的概念清楚，又使重要的十進法（此法當然也是印度最古，

經過阿拉伯傳到歐洲，是在一千數百年後），及數學之基本的加減乘除變得極容易之外，也支持著近代數學。

「零」充滿於日常生活上，「空」也一樣洋溢於日常生活上，使我們現在生活著的相對世界成立。而且其根本，儼然有對於相對世界的否定。因為對於其「空」的否定，使我們對於這世界的一切（從宗教、哲學、倫理到文學、藝術、科學等的諸文化，或這一些的應用或技術化而有的一切製品，及包括經濟在內的一般人類的營生到自然界），無論什麼都不能免於相對性。而且，其否定又再雙重否定，無限地否定下去，因此，其相對世界，一方面化為無，另一方面超越。於是同時向著「無」掉落下去，實現超越的內在。而以上的相對世界，兼有不斷生滅變化的無常現實世界。

從佛教思想史看來，《中論》所說的「空」，一部分是無我，又無常，另一部分則經由緣起通十二因緣，將兩者相合，導至苦的論題，從排除其苦的實體化開始，也超越了苦（《中論》第十二章。無我在第十五章及第十八章，無常在第二章與第十九章、十二因緣在第二十五章各論及）。

由這個意義而言，《中論》所說的「空」，既不是否定主義也非虛無主義，也不是一種對空虛的感性的詠嘆。不但如此，而且對於佛教理想的解脫、如來、涅槃，也在上述的肯定－否定－肯定（但既然其後的肯定已經過否定，與前面的肯定則已是異次元）之途來回反覆地走著。另一方面世俗者也同時前進不停，《中論》是用三段論法、假言命題、兩刀論

法、一種四句論法來對這「空」詳細論盡。

於是使世俗的凡夫迷惘受苦的煩惱，反而因為實體被奪去，終於引導凡夫走向解脫、開悟（菩提）、如來、涅槃之道。這些便是：「如來即世間」（第二十二章）、「煩惱即菩提」（第二十三章）、「生死即涅槃」（第二十五章），看來好像用僻論的反調結成其果。而且這裡所用的語言，都指示出其內容，其實是戲論、假名、施設的，從自覺到這些，「空」即顯露出來，再自覺到語言本身的虛構與有其界限，語言消失，超出空的表現。

讓我再說得更明白一些吧，所有一切的相對世界與其構成要素，是由緣起（相依關係）而初步成立，我們生於其中，活於其中，但它是沒有實體的。若誤以為是有實體的，則將碰到矛盾而陷入自我否定、自相矛盾之苦。體驗著這些，漸漸的由於反省到包含著無常的緣起，然後至無實體，悟出「空」。

從以上的過程與結果而成的自己體驗，即使在記憶或記錄裡殘留堆積著，這一切的事物，實體還是會化為無，迎向死亡。儘管如此，若能把這當做人類的一項經驗而使用的話，不把那實體化、不令其孤立，而是向「空」顯露，通過其個人的「無」之外無他。

除了這些，空的議論不勝枚舉，世界上的一切事物，或人的行為，包括其他的事，這「空」及於人類的全般營生，支持著其根底。

　　上述龍樹的《中論》以空的思想為主眼，若要加以特記，《迴諍論》觸及二至三世紀當時抬頭的印度論理學，加以批判，《寶行王正論》則是對故國君王的上書，而《大智度論》是現存一百卷的鉅著，其中網羅擴大於諸領域賅博的知識，《十住毘婆沙論》是用信來當做方便的「易行道」（容易實踐的方法），以此來皈依阿彌陀佛的論說。

第四章　中期、後期大乘佛教

中期大乘所指的是自從大約四世紀起，後期是大約自七世紀以後。以下的如來藏與唯識，即代表中期大乘，而通常先論唯識，然後談及如來藏的情形較多。但是，唯識說的理念之後持續著，並依其精密理論而構成、發展為後期大乘的認識論或論理學，因此在本書中，順序是先說如來藏，後述唯識。因而在此畫定一個時期，先加以論及不久就在印度消失的如來藏。

此外，後期大乘也產生密教，使後期大乘的諸論師受到很大的影響。再者，不將密教列入大乘佛教中討論，而單獨論密教的學說也不少。

一、如來藏（佛性）

如來藏是 tathāgata-garbha 的譯名。tathāgata 是如來之意，而 garbha 則是胎（容器）之意而譯成藏，這兩者合起來的如來藏的意思是眾生（有生命者）的胎中有如來宿於此的意思。

這種學說大致上以如下五點為其起源：

⑴自性清淨心、心性本淨說。佛教主張，心本來是清淨的，在初期佛教的部派大眾部《般若經》中，有關於這個問題的解說。

⑵佛種、如來種。種是種族、家族、素質之意，佛種的說法是煩惱中有佛如來的素質存在。這種說法在大乘諸經典，尤其是在《維摩經》中說得很清楚。

⑶對出生的認識。例如《般若經》視六波羅蜜為佛母、《維摩經》視智度（般若波羅蜜）為母、方便為父，《大智度論》是把智度當做母、般若三昧為父。《法華經》則認為眾生乃是佛子，而從這種思考方式便產生出「胎」字。

⑷如來界。界字所指的是基礎、基本、本質、構成要素、領域等意思，也譯成「性」。譬如，月亮即使被雲遮蔽了，其滿月狀態仍然不變的說法。

⑸性起。在《華嚴經》中的〈如來性起品〉說，佛如來即使是潛在性質的，仍然是普及於眾生實際存在的。而這第五的說法成為直接動機，便結晶出如來藏思想。

大約在四世紀時成立的《如來藏經》，漢譯是一卷小經典，而它與佛的出現毫無關係，說法是「一切眾生之如來藏乃常住不變」，並以如下九種比喻用詩與散文的形式來加以說明：1.枯萎蓮花的芯中化佛。 2.被許多蜜蜂圍著的蜜。 3.包著一層外皮的穀物。 4.掉進不淨場所的真金。 5.在貧家地下的黃金儲藏庫。 6.樹木的種子。 7.用破布包著棄在路上的佛像。8.懷胎帝王之子的卑賤女子。 9.鑄型中的真金像。這九種比喻傳至後代，常常被人引用。

《勝鬘經》，漢譯也是一卷，但其份量倍增，內容也豐富。在這部經典中所敘述的是，中部印度舍衛國的公主，即是阿

踰陀國的友稱王之妃子勝鬘夫人，她讚美佛，而表述自己的十大誓願，以及說出她對佛法體會到的意義，佛陀對此一一加以讚賞。亦即《法華經》所說的，三乘加人乘、天乘共五乘，而歸於一乘，而雖然常住不變的法身（就是真實的法）有煩惱纏身，也仍然稱為如來藏，而如來藏，是自性清淨、不生不滅，可以成為一切事物的原動力，脫離煩惱。至於法身與煩惱的關係，仍然有一些令人難解的部分。

而《大般涅槃經》，在初期經典的巴利《長部》與《長阿含經》中，有與其經異譯的同名經典，而且，其形式也類似佛陀最後的旅行、圓寂、佛舍利的分配等。但是，此經中的內容全論及大乘說，因此為了要把它與一些初期經典區別，也稱為《大乘涅槃經》。

這漢譯四十卷本的完成，比法顯譯《大般泥洹經》六卷稍晚。後者相當於前者前半部的十卷原初形。

在這部經中，以佛性這個用語代替如來藏，而其原語即是 buddha-dhātu（佛界）或 buddha-gotra（佛種）。

此經所強調的是，佛的法身常住與佛性的普遍，而其中的「一切眾生悉有佛性」之句，便成為北傳佛教圈內廣為人知的話，打開了「有生者皆成佛」之道。這裡佛教基本立場的平等之說貫徹到底，苦口婆心地講「一闡提成佛」的道理。一闡提，所指的是貪心的人，貪利而執著於世俗者，這種人本來就不具有成佛的可能性，是斷善根的（與為善的素質無緣），在佛經上對這種人嚴厲批判責難之後，最後仍然不得不

承認這種人也有成佛的可能性。

而此經相對於佛教一貫所說的世間：無常—苦—無我—不淨，開示了佛性的：常—樂—我—淨。認為眾生具備的佛性，受到來自外部的煩惱掩蓋污染了，並稱為客塵煩惱，但這不會連清淨的心也一起墮落。這一點，只有佛陀與大力菩薩知道，所以眾生要有信仰心。

如此斬釘截鐵的肯定，與洋溢著否定性表現的《般若經》及其他的說法完全不同，但也因此，使得此教說在中國佛教，尤其是在家佛教色彩濃厚而祈願成佛的日本佛教，大受歡迎至今日。

在中國與日本，依據此經，用「佛性」之語比用「如來藏」多。然而，以術語而言，「佛性」只強調成佛的因素，「如來藏」之語，「藏」含蓄著母胎與胎兒兩者，眾生身裡有如來，同時也是如來之子，強調要成長為如來、實踐修行的重要性，因此，「如來藏」一詞是更為恰當的。

如來藏這種樂觀主義，經過上述諸經典的闡述後，在堅慧（四世紀末至五世紀）所著的《寶性論》裡更鮮明了。這本書除了漢譯、西藏文譯之外，最近梵文本亦被發現，並公開刊行，更加深了對它的研究。《寶性論》裡，引用上述諸經典之處頗多，而從《寶性論》裡也得知這些梵文的講法。

但是這如來藏思想，卻未形成繼承的學派，沒有繼續傳承發展下來，文獻之類也在印度絕跡。不過，在後代興盛的密教，其中心思想的「即身成佛」說，或許還殘留著可解釋

這如來藏流派的空間。

二、唯　識

　　唯識說是繼承初期佛教以來傳統的唯心論，直接依據《華嚴經》的「三界虛妄，但為一心所作」之說，把從《般若經》到龍樹的「空」的思想與緣起說活用所構成的。

　　唯識說，與趨向樂觀主義的如來藏思想相反，認為心若迷失於煩惱不清淨的實態，就要不逃避的凝視這眼前的現實。而且，這唯識說，若以現在用語而言，是依心理學的方法，使人應付心裡的煩惱對象，可說是只驅使生硬的理論而組識的體系。

　　完成於五世紀的這個佛教獨特的唯識說，的確也具有與現代歐洲的精神分析一脈相通之處。就是說，在十九世紀後半期以來，叔本華、尼采、祁克果及其他的哲學家，把在西洋哲學長達二千年以上的健康又輝煌的理論體系中隱藏的黑暗部分暴露出來，進入二十世紀時，有海德格、雅斯培、沙特、卡繆等存在主義哲學。

　　在同一時期，精神科醫師佛洛伊德和楊格登場，用一種稱為精神分析來治療精神病患者，前者強調潛在意識，後者重視無意識，而提出這潛在意識和無意識世界，便是人類意識世界的原型，並專心解明其所以然。這種精神分析的方法便取代以往的心理學，如眾所周知，現在已傳遍全世界，以此方式施行種種的對症療法。以這二人為始祖的許多精神科

醫師，用壓力或鬆懈等術語，來分析個人的憂鬱或社會的病態，又開發和使用新的治療方法或藥劑，對精神病的醫療有很大的貢獻。

而唯識學者們都以稱為瑜伽行的健全方法來鍛鍊身心。若以現在的日常用語來表示，他們是以達到有深度的禪定來獲得透明的心，並欲達成其對應的分析與理論化。也就是唯識與禪定的密切合為一體。

而且，如同上述與以下將論及的，現代的精神分析是以治癒疾病，並恢復健康的身體為目的。而唯識說則是告訴人們，把各種對象在納入個人表象的過程中，分析各種煩惱，追究其根源，並在禪定的沉潛中得到領悟以達到解脫。

總之，唯識說一貫地採用瑜伽，因此可以稱為瑜伽（禪定）行派。

瑜伽行派最初的經典有《解深密經》與《大乘阿毘達摩經》兩種，其中使用著唯識的各種術語。後者已失傳，但引用自其書的內容還是傳到現在的論書中，而且，瑜伽行派最大的論師之一的無著（大約 390–470 年，另一說大約 310–390 年時）的主要著作《攝大乘論》，不過是對《大乘阿毘達摩經》中一章的註釋而已。在此論中，無著對整個大乘佛教的透徹領悟和理論縱橫展開，無著的話，不僅是對唯識說，還有當時的大乘佛教說的一個最高潮情況的提示。

另一方面，《解深密經》中指出：必須直視迷失了方向的現實，把這在滾滾紅塵裡的凡夫之心認定為妄識（錯誤之識）；

又把生存根源的心，取名為阿賴耶識，認為這是潛在心、心的無意識領域。在這部《解深密經》中，還有其他許多唯識說的各種術語出現。

同時，這部經，也以解說「五性各別」而聞名於世。

佛教的基本和傳統的平等思想，在《法華經》或如來藏經典中歸於一乘說，但《解深密經》卻批評「一乘說」不完全。除了對聲聞、獨覺、菩薩的三種之種性（即 gotra、家族、血統，也書寫成種姓）之外，又舉出前途未定的不定種性，還有在《大般涅槃經》裡所提及的「一闡提」這缺乏善根的無種性，主張這「五性有別」。

其說，與印度的階級制度堅持除了四姓之外，還有賤民（外階級）的說法近似，實際反映了現實印度社會的情況。據說完成漢譯此經的玄奘，唯恐此經中的區別有可能擴大為歧視，而對於「此說」的斟酌大傷腦筋。根據唯識說在中國產生的法相宗，不知是否是受此說影響，遭受到依據平等說的天台宗與華嚴宗嚴厲地批判和攻擊。

至於把向來羅列性記載的唯識說，加以綜合體系化的是無著與世親（天親、400–480 年，另一說為大約 320–400 年）兩兄弟。

又自古傳說，無著是受了彌勒（有時也稱作彌勒菩薩）的教示，因此彌勒被視為瑜伽行派之祖。在中國和西藏，被認為是彌勒所著的五種論書中的偈句，也廣為大眾所知悉。其中的《大乘莊嚴經論》與《中邊分別論》兩說中之偈，在

與中國和西藏的傳承上也有共同之處。玄奘大師所譯的《瑜伽師地論》（簡稱《瑜伽論》）一百卷，以彌勒原著在中國受到重視，但這部大著是否完全出自一位作者之手，現在則無定論。此外，一部分的梵文版最近被發現並公開刊行。

　　總之，有關彌勒事蹟的文章，本來就有許多傳說的要素，其中也摻雜著神祕色彩，而且否定其存在性的一方說法也很堅持。

　　無著、世親都出生於北天竺富婁沙富羅國（現在巴基斯坦的白沙瓦西北），各自在化地部、有部出家，後來轉為大乘。

　　無著的主要著作是上面提到的《攝大乘論》，還有《瑜伽師地論》中的頗多部分，及《大乘阿毘達摩集論》。

　　世親留下龐大的著述，屬於早期的、只是其中一部份重要者包括：有部—經量部時期的《俱舍論》，其兄無著勸他轉到大乘之過程的《大乘成業論》，轉換為大乘後，把唯識說加以簡潔論述的《唯識二十論》與《唯識三十頌》。還有多部大乘經典的各種註釋，而其中的《十地經論》、《法華經論》、《淨土論》等更是不可缺少的佛教資料。因為他多方面的活躍，著作又多彩多姿且數量龐大，因此，自古到今仍有人主張世親為二人之說。

　　下面是根據《唯識二十論》與《唯識三十頌》的唯識說入門要點：

　　唯識的原語是，vijñaptimātratā，也稱為 vijñāna-vāda。在 jñāna（知）的語根上加上 vi 這個表示二分的接頭辭加以名詞

化，便成為 vijñāna，而將 jñāna 的使役活用形名詞化，便是 vijñapti。雖然這兩者所指的都是「知」，但在此，將前者譯為「識知」，後者譯為「識別」。這兩個詞與「心 (citta)」及「意 (manas)」合起來的四詞，均幾乎被視為是同義語。

至於上述的原語 mātratā 是「唯有」之意，vāda，是表示「說」。

《唯識二十論》，其中的二十二篇偈與註釋的散文，都是世親的著述。他在本書一開頭即完全否定把意識與外界的對象在常識上（如有部之說）認為是其本身存在的一種樸素潛在論，而斷定這一切不過是識別的，「空」的，是「心」所具備的表象的投影罷了。他接著在這開頭的論說之後的全文中，詳述外界對象的「非存在」。

《唯識三十頌》中的三十篇偈是世親的著作，但他在完成註釋部分之前去世。因此，現存的對《唯識三十頌》的註釋，有安慧（sthiramati，510-570 年左右）的梵文本，以及把護法（Dharmapāla，530-561 年）的註釋，加上其他論師的各種見解加以批評性介紹的玄奘譯的《成唯識論》。

在這兩種註釋書中，後者比前者更詳細，因此，是中國和日本研究唯識說者的必讀書，從古至今廣泛被閱讀，而唯識說的詳細解說（包括外國學者）都是根據這《成唯識論》而來的。

《唯識三十頌》，確實地解說：識知 (vijñapti) 的變異 (pariṇāma，轉變) 形成構想對象的存在、外界、世界的情形。

　　也就是書裡首先舉出的是阿賴耶識 (ālaya-vijñāna)。ālaya，是居住、容器、藏之意，因此，阿賴耶識譯成藏識，但大部分用譯音的阿賴耶識（或阿羅耶識，後來也有兩者區別的情形）。這「識」，把由無限的過去至現今剎那的一切行為（業）所殘留的餘力、餘習（殘留到後來的一種力）儲存於其「藏」的倉庫中，而且更具有能在下一個剎那時，把它由藏（倉庫）中取出應用的能力，因為它內藏著一切種子 (bija)，因此，也稱為「一切種子識」。然而，這種子始終處於潛在狀態中，潛在於一切「識」的根源中，而且能產生出所有的見解。這稱為第一的變異（轉變）。

　　不過，因為它與過去行為的善惡並無關聯，因此被稱為「異熟 (vipāka)」，而阿賴耶識也譯成「異熟識」。

　　第二的轉變是，末那識 (mana-vijñāna)，它是依阿賴耶識而活動，因此雖以阿賴耶識為其對象，但這時卻容易誤認阿賴耶識是自我。因為這個緣故，末那識相當於自我意識，而且從發生這意識時即帶有以自我為中心的煩惱，所以也稱為染污意。

　　第三的轉變是，眼、耳、鼻、舌、心、意這六種識的產生。這六識，是自初期佛教以來的傳統說法。而眼識則透過眼根識別色，耳識則透過耳根接收聲，鼻識透過鼻根聞香，舌識則以舌根嚐味，身識是以身根感受觸覺，意識則透過意根對法（思考的對象）的識知與識別。這六識（亦稱前六識）都是從阿賴耶識而產生的。

　　還有，末那識與六識等七識，是現實性存在的，與阿賴耶識的潛在性是相對的。

　　又由於阿賴耶識維持著身體和生命，因此也稱為阿陀那識（或譯為執持識）。還有，阿賴耶識從受胎時即產生，它離開身體便是死亡，這是唯識說的解釋。

　　如以上所說的，由阿賴耶識產生末那識與前六識的此七識，結果，也產生身體與自然界的意識。而此七識，其產生之場只有現在，它是產生於一剎那，滅失於一剎那。它現在化時的印象，以餘習（vāsanā，識為習氣）殘留於潛在的阿賴耶識裡，這餘習又以種子儲存在阿賴耶識中（稱為薰習），然後成熟而出現（稱為現行）。像這樣的意識循環是在每一剎那裡產生的。

　　但上述的三種阿賴耶識的變異，其實是虛構（虛妄分別）的，因而依據著它的自我與外界的對象也不過是虛構的，並非實際存在的。因為它的結論是一切唯有識，因而稱為唯識。

　　若把阿賴耶識換成現在的日常用語來說，我想應該是「未意識到的經驗（包括遺傳）的整體。」

　　《唯識三十頌》的後半部分，是將上述總共八識所形成的對象（的存在）的樣式，分為如下三種來說：

　　⑴假定構想的樣式（遍計所執性）。

　　⑵相對的存在樣式（依他起性）。

　　⑶已完成的絕對性樣式（圓成實性）。

　　上述之中的⑴是指八識所造成的對象之存在，那實際上

是「無」而虛妄的。⑵是各種機緣（特別是過去的「業」等）聚成始能產生。因為既然有依存關係，便仍然是「無」（這個論理受龍樹的緣起──「空」之說的影響）。⑶上述的⑴和⑵也終於會消滅，所以⑶仍然是歸於無，而稱之為三性三無性（在這裡的「性」是指存在）。

如此構想出的對象（亦謂境）的存在會消失，成為無，在其對應中，連構想出它的八識也歸於無，識也消滅。這稱為境識具泯（泯與滅同義）。於是主體與客體也消失，其區分也沒有了，於是主與客即成為無二，主客一體之知便會出現。這個知，便稱為無分別智（對於這主─客的看法，或許可說與胡塞爾現象學的說法正好相反）。

這無分別，與現在的日常用例正好相反，而無分別智，不外乎是最崇高的知，稱為真如 (tathatā)。這個智，只有在以往的「知」完全轉化 (āśraya-parāvrtti 瓦迪，譯為轉依) 為另一種狀態時才能產生（這個理論，把初期佛教的十二因緣說，由無明至明的轉化情形加以精密化）。而它有另一個名稱叫做轉識成智。這個智，是離一切的污，超越思惟，是善的，永續的，充滿歡喜的，解脫的，故亦被稱為偉大聖者（即牟尼 (nuni)、佛陀 (Buddha)）之法。這即是此書的結論。

而且以上說的，只能透過瑜伽的實踐才能達到，因此，這一派的人，除了研究唯識說之外，亦專心於實踐。

總之，對外界（對象）的存在不認同，將一切納入識的表象中，這個識，既然是個別的性質，這個識所映出的外界

也是個別的，與他人的共同性完全喪失，更別說是普遍妥當性了。如此僅熱心於其形式，但對其內容卻完全不關心，可以說是與數學具有相同的性質。

這個思考，雖然與萊布尼茲所說的單子論相似，但他先構築了所謂的預定調和，然後把單獨調整為整體（普遍）。若對唯識說嚴格而論，即成為要由個人負起一切，這便比祁克果所說的「主體性即是真理」更為嚴格。或者，比因焦躁或憂鬱而使自己及世界丕變，希望治療這樣失調的身心狀況以回復健康而採用的精神分析方法更為激烈。因此，此說需要瑜伽的沉潛，必須經常實踐這種修行。

世親有許多弟子，唯識說也越來越專門而緻密。在五世紀初所建的那爛陀寺，即以唯識說的思想為中心而繁榮。

六世紀時，出身於那爛陀寺的德慧（Guṇamati）移居西部印度的瓦拉維，並在此地收安慧為弟子。另一方面，比德慧稍晚的陳那（Dignāga 大約 480–540 年時）的活躍也很值得注目，其系譜傳於護法。

因上述所傳兩種系譜的各家註釋並不相同，至後世，稱前者為無相唯識，後者為有相唯識。這裡所說的「相」（正確的稱呼是行相），為 ākāra 之譯，是指「識」以「境」所表現的形象，並不是指對象，它是指對於作為認識內容的「色」或「形」等認識主體，構成認識的各種要素。這個議論後來又加入了印度正統哲學，更為盛行。還有，這有相唯識說，與因英國經驗論而聞名於世的柏克萊關於知覺的議論有其共

同點。

三、如來藏思想與唯識說的綜合

如來藏思想與唯識說被接受後，綜合兩者之說的《楞伽經》首先被提出來，其後在《大乘起信論》（簡稱《起信論》）大致上完結。

《楞伽經》有梵文版、藏譯本及兩種漢譯。《起信論》是真諦（Paramārtha，印度人，499–569，公元546年曾到華南）著，譯文本被非常廣泛地閱讀至今，這本書究竟是在印度所著的，或在中國撰述的，至今日仍沒有定說。

《起信論》這本小書，把上述兩種思想巧妙地加以統括，認為自性清淨心的如來藏，與也會有污染的阿賴耶識，是處於同一心的表裡一體的關係，雖然兩者相反地對立，但無法分開，同樣受到重視。還有，因為相信「自己有如來藏」，而說起阿彌陀佛信仰。於是把如來藏的自性清淨心之發現，稱為「覺」，而覺的完全顯現，即是佛，佛的本性，稱為本覺，凡夫不過是不覺罷了，但在不覺之中，覺之力會漸漸增強，不久，若透過唯識說，「覺」完全的顯現出來，從成佛的實現時起，便是始覺。

《起信論》的內容，是對「覺」或「唯識」的各識，以夾雜著其他各種術語加以細分、綜合，把真如的心性與妄念世界無明的現實之間的矛盾加以統一。依此說法，阿賴耶識是「真妄和合識」，可以說是在凡夫的迷惘中，仍然有領悟之

力，就是因為迷惘，所以才有領悟的解法。

《起信論》雖然是小冊子，卻能解明大乘佛教的一切和其結論，因此至今仍有許多愛好者。

四、佛身論

起源於釋尊的成道與說法而來的佛教，當初是以釋尊與佛法為依據，不久加上佛教教團，而稱為三寶：即是佛寶、法寶、僧寶，以此三寶為佛教的中心。其後經過二千五百多年的歷史，雖然現在的佛教徒分成許多宗派，散居於世界各地，但皈依三寶，是全佛教不變的共同點。

佛寶居於三寶中的第一位，但本來的佛教，唯有釋尊一人（僅釋迦佛），因此當然的，在釋尊圓寂後，對於佛現今是否存在的問題便產生了疑問。

自初期佛教至部派時期，究問佛身 (buddha-kāya) 的結果，而產生了說釋尊具有肉體的色身 (rūpa-kāya，亦稱肉身、生身)，與全體以法而成的法身 (dharma-kāya，亦稱理身) 此兩種的二身說，這樣的說法一直持續到初期大乘時代。此外，kaya 這個字，除了身體之外，也有本體或集合的意思。

大乘佛教的出現，是由於大乘諸佛而進展的，其中除了有創作大乘經典的無名諸佛以外，也有許多諸佛可以視為法身佛的出現，尤其是在《華嚴經》中，便稱呼其思想中心的毘盧舍那佛為法身。

除此之外，從成立較古老的過去七佛，到未來佛的彌勒

佛、藥師如來、阿閦佛或阿彌陀佛等，如同各個解說中所言，均呈現了釋迦佛的眾多德性中之一種或數種，對於這些具有專有名稱的諸佛，若套用康德《純粹理性批判》的辯證論中所使用的術語，也可以視作這些都是釋尊的理念結晶成為理想的結果吧。此外，奠定了初期大乘的基礎，相傳為龍樹所著的《大智度論》中，亦很明顯地堅守著上述佛身二身說，這在其主要著作《中論》裡也可看出有關此說的部分記述。

　　前面套用康德的話所描述的情況，在進入中期大乘後，發展成為前所未有的嶄新佛身論的趨向就更加鮮明了。在中期大乘，由於瑜伽行派唯識的論師們對於理論構想具有特別優異的能力，他們對上述多數的諸佛重新加以考察，於是完成了兩種的佛身三身說：⑴自性身、受用身、變化身，⑵法身、報身、應身。原語（各附有 kāya）分別與 dharma、sambhoga、nirmāṇa 相合，這顯然地是受到大乘特有的菩薩思想的影響。

　　這三身之中，第一的法身，即是法，例如若在《般若經》中，其法身便是般若波羅蜜，與自性身大致上是相同的。

　　第二的報身，即是菩薩勤於實踐精勵修行的累積，終於達成其本願，受其功德報償的佛身，例如，阿彌陀佛，是法藏菩薩的報身。而這報身，享受法樂，因此與「受用身」相同。因為這報身的「果」，與「因」的價值不相同，因此，稱為異熟 (vipāka)，但在現存的梵文資料中，卻使用與「受用身」一樣之語。

　　第三的應身，與變化身（略稱化身）一樣，並無差異。而應身與化身，都相當於二身說的色身，所指的便是釋尊。這也就是，為對應眾生的世界，而產生出各種變化現身的佛身，因此，縱然是佛陀，也免不了無常，也會圓寂。

　　綜合以上的三身說，有上述的(1)自性身、受用身、變化身，與(2)法身、報身、應身。(1)可在《攝大乘論》或《大乘莊嚴經論》等唯識說中看到，(2)可從主張如來藏思想的《寶性論》中看出。從以上的論述來歸結，(1)的唯識說，所指出的方向是，由迷失到領悟，乃至由凡夫到佛身，(2)則是相反的，由佛到凡夫之路。因此，(1)與(2)的各自三身說，內容上雖有產生若干差異，但大綱上是不變的。此外，後來(2)成為中國佛教主流，這是源自佛身與如來藏、佛性有密切關係之故。而三身說，在後代還有種種議論，枝生至四身說，更加複雜。

　　比佛身三身說更古老，涵蓋了過去的婆羅門教精神，並與土著思想接觸而成立的印度教，即有創造宇宙、維持宇宙秩序以及主司破壞的三神說。而基督教裡，也有由奧古斯丁加以術語化的父（神）、子（身為神之子）與聖靈（由信仰體驗而可得）的三位一體之說，是眾所周知的事。

　　印度教與基督教的教義，第一是創造神。但佛教則沒有創造宇宙之神，三身說中，也無創造神的觀念。並且，印度教對三身與三神的信仰態度，屢次使用含有狂信成份的信愛、誠信等名稱，但佛教則避免如此，使用信賴之意的「śraddhā」

等詞。

五、密 教

初期佛教稱為顯教。

例如,釋尊的遺言中即有「師無握拳」一節,這即顯示出:未緊握的拳頭,沒有藏著隱密的教義,一切都是釋尊的教誨。而在其散文的諸經典中,對當時婆羅門教所採用的而在一般世俗流佈的咒文、咒術、迷信、密語、密儀之類,嚴格批判、抨擊。初期佛教,的確很透明,也可以說是理性的、合理的,因此,有一部分人便評論,釋尊的教示,與其說是宗教的,不如說是論理的(這是古時中國一些人的看法,還有二十世紀初的歐洲學界也有這種論調),有時被認為帶有過於濃厚的論理性格。

部派佛教也繼承釋尊的教示,時時勤於實踐修行,而予人的印象是,為理論而理論並熱中於構築「知」體系的態度。同時,在教團內部,亦徹底地執行禁欲的宗教生活,這也反映在其理論上。

但是,在初期佛教中,也可以看到部分護咒、護經、咒文的行為,這就如同出家人在遊方中,對毒蛇有一種防身的護咒,這一點也被律藏所肯定(這發展為初期密教的《孔雀王咒經》)。總而言之,為了護身(這與所謂的現世利益的祈願並不相同),而念出一種咒文,這在如今的南傳佛教中仍然被重視。

　　之後，大乘佛教的時代到來，初期佛教在大乘初期迎接了各方的信徒，在受到印度教或其他異民族的各種習俗的影響後，本來就在印度廣泛存在且根深蒂固的各種神秘的諸要素，就在這時混入大乘佛教（就如前面已強調的，大乘佛教雖然佔有佛教的一席之地，但在印度，部派的傳統更被固守至後代）。其顯著的例子，如前面已提過的，原意是「知」被譯成「明」的 vidyā 這個字（語根的 wid 與德文 wissen 同根，即是「知」），在大乘的先驅者《般若經》的用例中，與「真言」(mantra) 結合而譯成明咒，由此可見，其中頗含有咒文之意。

　　上述的諸論師組織了偉大的教說，同時，大約從三至四世紀時，採用後述的「陀羅尼」或「真言」的情形即非常明顯，而這大概是在僧與俗的合作下，透過整備特殊的祈禱、禮儀等的方式，使大乘佛教發展的情形吧。

　　這種風潮，到後期佛教就更明確，在以往是附隨性的咒術要素便逐漸獨立，而成為佛教的主流。

　　依一般的說法是在七至八世紀時，怛特羅主義（其定義也因學者而有異）早已在五世紀以後就浸透整個印度境域。據說，怛特羅主義所具有的一種強烈神秘性，是帶有宇宙說、現世的解脫、肯定現世與俗信（治病、復活、占星或魔術等）、神通力（siddhi，完成、命中之意，音譯為悉地）、女性原理（śakti，特別是性的能力）及秘儀等，這些促進佛教內密教的成立。

　　音譯為陀羅尼的 dhāraṇi，其語根與達摩 (dharma) 相同，是保持 (dhṛ) 之意，而譯為總持。陀羅尼一方面可指佛教中以坐禪為主的瑜伽修行裡，貫注精神、將心思集於一處而言，另一方面也可指將多義的短語保持於心，以顯示其記憶能力而言。雖然陀羅尼如此地包含有幾種意義，但不久便成為指咒（咒句或咒文）而言。

　　只是在初期經典裡，並沒有陀羅尼之語（在漢譯阿含經中出現的，是後代插入的。其類語的陀羅那 dhārana，則可在律藏中見到），進入大乘佛教後，在大乘初期時即頻繁出現陀羅尼，而其用例，與「明咒」或「真言」，幾乎無差異。

　　曼特拉（真言），在《黎俱吠陀》中大約有三十用例，而在《阿闥婆吠陀》中，則用例更多，指的是用於婆羅門教祭儀時的咒文。mantra 之語，是在 man（思考之意）之後附上 tra（表示用具等的接尾辭），思考的道具是其本來的意義，於是成為指神聖的字語、文句或頌歌，而不久這曼特拉便成為指神秘的文句。曼特拉，增加其神秘性後，常常書寫為「咒」，但依其神聖的文句之原意，而譯成真言。

　　曼特拉的咒：⑴以無意義之字語所成者，⑵以具有某種特定意義所成者，⑶上述兩者的混合所成者，共有這三種。又從曼特拉中抽出一字的一種記號稱為「種子」。例如，對大日如來，「阿」表示胎藏，而「鑁」則代表金剛界。

　　曼陀羅 (maṇḍala) 本來的意思是「圓形的、圓、環」，不久成為指圓形的壇或壇所在之處，以及在壇裡舉行祈禱或神

秘的儀式等。關於壇的成立，被推測為在笈多王朝時期（四至六世紀初）從印度教導入大乘佛教，被尊崇為一種聖域。

　　壇，在當初是按照每一行事，隨時隨地而設，後來固定設於特定場所，其圓形也變成方形。至於設在地上的土壇曼陀羅，到後代更以繪畫的型態畫在布料上。這種種曼陀羅，廣泛盛行於當時的印度，即使到了後代使用的材料有所變化，但在西藏、中國、日本仍然盛行著。

　　所謂密教，就是「秘密的佛教」之意。也就是某特定團體設曼陀羅，施行例如焚燒護摩等（護摩是火的音譯）帶有神秘性的特殊作法，那時要口唸真言（陀羅尼之語），其中，心（意）儲存著獨自之力（把以上稱為身密、語密、意密，合起來為三密），並且大多時候，諸尊（佛）會君臨曼陀羅，與參加者一起沉浸在忘我的氛圍。在如此進行的過程中，唯有參加者佔有這行事與功德，因為並不對一般人公開，也不讓一般人介入，因此，秘密佛教這個名稱就一起源於此。

　　這種秘密佛教，大概是自從四、五世紀時混入大乘佛教中，不過並沒有成為主流，寺院也不採用，在七世紀前半期到印度的玄奘，及在七世紀後半期到印度的義淨，兩人對密教都沒有留下特別的記錄。

　　密教的正確名稱是純正密教（略稱純密），至於其成立，是在七世紀中期時的《大日經》裡出現，在此之前的諸種密教，稱呼雜密以資區別。

　　《大日經》並非釋迦所傳的說法，而是大毘盧遮那佛，

也就是大日如來的說法。至於其聽眾和場所也有特殊的限定，與其他的大乘經典（更別說是初期經典）在形式上完全不同。但是，其教義內容與大乘佛教的教理，尤其是《華嚴經》，或論述「空」的中觀與唯識等的各種思想，是一脈相承的，基本上沒什麼不同。

據推測，在後期大乘佛教兩大潮流的中觀派與瑜伽行派信徒之間，可能有不公開的密教活動私下進行著，漸漸地，參加人數增加，便產生了上述帶著特定狂喜、忘我的這種神秘體驗的團體，並日益繁榮，在某種意味上來說，密教已經獨立發展了。

《大日經》從中部印度被帶到長安來，其是由善無畏（637–735 年）在 724 年所漢譯的。梵文的原典未發現，但其中的一部分被引用在其他的「經」或「論」中，並有完整的西藏文譯本。這部經以大日如來的成佛、神變（神通）、加持（支配力、神秘的咒術力）為內容，以解說大日如來的領悟與成佛的超人能力，顯現出不可思議的作用，並以此加護眾生。在這部經的開頭部分即宣稱，成佛（稱為一切智智，超出釋迦佛的一切智）是以「菩提心為因，以大悲為根本，方便是其究竟」，因此把方便視為絕對需要的。依據此經的曼陀羅，稱為大悲胎藏生曼陀羅，而其簡稱是胎藏曼陀羅（在日本則多加一個界字，稱為胎藏界曼陀羅）。

之後，到了七世紀後半期時，《金剛頂經》成立。這部經，共計十八會（無現存者）中，其初會有梵文本、西藏文譯本、

漢譯本等。其漢譯三本中，以不空（Amoghavajra，705-774）的譯本為代表作。不空在少年時代曾一度來過中國，受教於金剛智（vairabodhi，671-741 年），在金剛智去世那一年回印度，蒐集許多密教經典，五年後又再度來到中國，致力於這些經典的漢譯工作。不空與鳩摩羅什、真諦、玄奘並列為四大譯經家。

《金剛頂經》重視瑜伽，解說金剛界曼陀羅。雖然與《大日經》一樣是以毘盧遮那佛為本尊，但從其種種之點可看出發展的軌跡。《大日經》和中觀派，以及《金剛頂經》與瑜伽行派的關係密切。前者的重點在於能動的方便上，後者則重視般若的智慧。經名的金剛（vajra），是比喻能破除煩惱的敏銳智慧，又含有自婆羅門教以來的雷電之神因陀羅所持有的金剛杵之意，而在這部經中，有許多附著金剛二字的術語，因而產生把密教稱為金剛乘的例子。

密教經典之中，在日本最為人熟悉的是《理趣經》，尤其是真言宗在做佛事（法事）時，以漢音朗誦此經。經名理趣，是 naya 之譯語，naya 是表示態度、行為、原理、方法、道理等的意思。這部經的梵文本是以《一百五十頌般若波羅密》刊行，但並非完整本。玄奘所譯《大般若波羅密多經》六百卷中的第五七八卷〈般若理趣分〉是最初之譯本，一共有六種漢譯本，其中的代表作為不空譯本，比玄奘譯本小，內容也有異。不空譯的經名附有三麼耶之語，此語本來是隱約表示「時」，但除此之外，也指集會、根本的教義，密教方面認

為這一詞具有平等、誓願之意，含有象徵佛菩薩。

《理趣經》開放地解說男女的愛欲，在這一點上，比《金剛頂經》更進一步。其內容既非鼓勵愛欲，也不是論及捨棄愛欲，而是以「空」的思想與本性清淨說為媒介來論及愛欲，使本來的愛欲情形淨化。大量使用清淨句，使大樂之教清明。

在密教，一般稱「經」為怛特羅 (tantra)。此語本來是指織布的織機，後來其意更擴大為縱線、織物、連續、原則、綱要、精髓等，因此，無法對它下單一的定義。

怛特羅的數量相當多，通常依據西藏佛教大學者普·斯頓（Bu-ston，1290-1364 年）的分類，分成如下四種：⑴所作、⑵行、⑶瑜伽、⑷無上瑜伽。

其中，⑴是所謂雜密，⑵的代表是《大日經》，⑶的代表是《金剛頂經》，而《理趣經》也列入其中，⑷的代表則有《秘密集會》。⑷中含有後期的各種經典，因此被密教視為最高的依據。並且在這⑷的種種特質中，有採用自印度教的性能力 (śakti)，由明妃活躍，而開拓出所謂的左道密教。至於由它所發展者，雖然傳到西藏，但並沒有傳到中國，因此日本的密教與它也沒有關聯。

被視為密教開拓者的龍猛（七世紀前半期），其存在性值得懷疑。但是，後期密教之祖因陀羅浦諦 (Indrabhūti) 則受到許多人的尊崇。

下面是關於整個密教概括的三大特徵：

第一，祭祀大日如來本尊及為數眾多的諸佛諸尊，連不

曾出現於以往佛教裡的許多明王（其代表為不動明王）、佛教以外的諸神（諸天）、鬼神、神將、諸聖者也網羅，而認為是大日如來之權化 (avatāra) 或外護者。密教將這些全到齊的諸神，建立一大萬神殿祭祀，這種行為即表現在壇中。密教構想出這種巨觀和微觀合而為一的宇宙，以直觀面對它，並使人參加其具現的秘儀。

第二，藉由口念諸佛、諸尊、諸天、唱真言陀羅尼、焚火等秘儀性顯著的宗教儀式，使信徒神往於宗教的法悅裡，而沉浸在神秘的世界。這是把如來藏的可能性在當場實現，把即身成佛（但無相當於此義之梵文）現實化。在當下內心裡即可獲得現世的幸福感，煩惱或愛欲釋然了。而且，這種秘儀的儀式特別重要，採取種種複雜的形態。

第三，把上述的曼陀羅，不以理論或抽象的方式，而是以具體的、現實的方式表現出來。這些都具有濃厚的象徵性。而且，如此這般創作出來的繪畫、圖表、雕像或音樂等藝術作品，一方面帶著神秘性，另一方面把肯定現實的思想真實地表現出來而富有魅力。

六、中觀派

初期大乘的龍樹的教說，傳至其弟子提婆 （Āryadeva，約 170–270 年時）及羅睺羅（跋陀羅，Rāhulabhadra 年代不明）之後，即消沉了一段時期。提婆著有《四百論》與《百論》等，這兩本書強調「空」的思想，對其他各種思想的攻

擊（稱為破邪）很激烈。至於羅睺羅的資料，有許多不明之
處。

　　大約經過二百多年後，依據《中論》的這個系譜再度復
活，並稱為中觀派。首先是佛護（Buddhapālita，約 470–540 年
時），接著是清弁（Bhavya，約 490–570 年時）登場，兩人都
寫了《中論》的註釋書，前者的《根本中論註》是西藏文譯
本，後者的《般若燈論釋》有漢譯與西藏文譯本留下。在後
代的西藏，把前者稱為「普拉桑伽派」，後者稱為「斯瓦丹得
利伽派」以示區分（現在從其內容，把前者稱為「必過性空
派」或「歸謬論證派」，後者稱呼為「自立論證派」）。雖然兩
者的註釋都根據《中論》，但其理論卻是極其對立的。這種現
象在月稱（Candrakirti，約 600–680 年時）繼承了前者之後，
其對立情形更為鮮明。

　　把普拉桑伽一語解釋成「落入過失」的例子在《中論》
裡經常出現。這是把對方的主張徹底追究，嚴厲指出其中的
過失（自相矛盾），打破對方的主張，而自己卻不拿出主張，
還標榜自己並無主張，只專在責問和抨擊對方。像這樣的普
拉桑伽派的理論，在月稱的《淨明句論》裡有詳細論及。此
書是《中論》的六種註釋書中，現存的唯一梵文本（藏文譯
本也完備，但無漢譯本），廣泛被閱讀。他另外還有一本《入
中論》（中觀的入門書），西藏佛教把他的系譜正統化至今日。

　　出自此派的寂天（約 650–750 年時）著有《菩提行經》
與《大乘集菩薩學論》，這兩部著作都是解說與鼓勵六波羅蜜

的修行，並特別強調服務他人。

另一方面，斯瓦丹得利伽派，如同斯瓦丹德拉 (svātantra) 之語譯為自立、自起一樣，是自力活動之意，是自己對「空」的立場充分推敲過的論式之主張。同時也顧及到與別人共同的認識論或論理學，這與後述同時代的陳那（約 480–540 年時）的佛教論理學是共通的。但是，清弁對於《中論》所重視的是二諦（兩個真理），無法以語言達到第一義諦，因此，其論式只限於世俗諦。他除了上述的《中論》註釋之外，還有《中觀心論頌》，與自註的《中觀思擇焰》及《大乘掌珍論》等。

上述兩派的爭論持續一段時期，但不久即消失，中觀派則接受了一部分唯識思想，於是便有了所謂的瑜伽行中觀派。完成這一派的是寂護（約 730–783 年時）與他的弟子蓮華戒（約 740–797 年時），寂護所作的三千四百六十餘篇的詩，蓮華戒寫了其註釋的《真理綱要》，全書共二十六章的梵文本（西藏文譯本是三十一章），堪稱洋洋大觀，其批評當時繁榮於印度正統哲學的各學派，綿密考察包括論理學的佛教諸學說，最後論證一切智者。

寂護的《中觀莊嚴論》，是中觀與瑜伽行唯識的融合，而蓮華戒的《修習次第》（漢譯名為《廣釋菩提心論》）則顯示了從入佛教時的決意（稱為發菩提心）到最後成佛的修行路程。這兩本書，特別為西藏佛教所重視。兩人本來都屬於中觀派的自立論證派系統，後來應西藏王赤松德贊（約 754–796

年時在位）聘請赴西藏，並在當地奠定了西藏佛教的基礎。

中觀派的重要人物與著作尚有：師子賢（約 800 年時）的《八千頌般若解說‧現觀莊嚴明》、寶作寂（十一世紀，在西藏被視為唯識家）的《般若波羅蜜多論》與《中觀莊嚴論》、阿底峽（982–1054 年）的《菩提道燈論》等。阿底峽是一位應西藏王之邀請赴西藏，達成西藏佛教復興的密教僧。

七、瑜伽行派

瑜伽行派唯識在世親之後，區分為如下三派：無相唯識派的德慧與安慧，有相唯識派的陳那與無性（500 年前後時）、護法、戒賢（529–645 年）與法稱（650 年前後），以及其他者。

其中，將無相唯識傳到中國的主要是真諦（499–569 年，公元 546 年到中國），有相唯識則是經由玄奘（600–664 年）傳入中國。玄奘曾在那爛陀寺受教於戒賢，玄奘譯的《成唯識論》，是認識唯識說的必讀之書，價值很高。雖然此書是依據有相唯識說之論，但除了該派諸師之外，對無相唯識說也加以詳細介紹，因此至今仍廣被閱讀。

此外，德慧與安慧兩人，則完成了對《中論》的註釋，後者尚著有《大乘中觀釋論》，現存的漢譯本並不完全。

陳那把認識論囊括於論理學之中，在眾多集大成者之中備受重視，並在其中採用唯識說。他被認為是有相唯識之祖，是因為他認為論理學是以對論者及其他者的共同性為前提。

　　陳那的唯識說，與認識論緊密結合。依他的看法，認識的對象，事實上是「識」的內部之相（形象），而認識則歸於自我認識。換言之，認識作用（能取、能量）當自然地以內心形象做為對象（所取、所量）認識時，能自覺其結果（量果），這樣產生出在認識本身中認識到其對象的自覺（自證）作用方能完成認識。若缺少此自覺，則就容易流於看到卻等於沒有看到的這種沒果實的認識。書中如此說法，認為唯有在這樣完全的認識才會留在記憶裡。

　　義淨於公元 671–695 年時，經南海到印度，在那爛陀寺學習佛教，他在其旅行記《南海寄歸內法傳》中，記述當時印度佛教的情況如下：「小乘」是大眾部、上座部、有部（根本說一切有部）與正量部的四個部派；大乘則是中觀與瑜伽二派。大乘與小乘的區分不定，但戒律相同，都是修行四諦，尤其是要禮拜菩薩，讀大乘經的是大乘者，小乘則不如此做。

　　前面在提及瑜伽行中觀派時已述及，自寂護以後，中觀與唯識有意融合，對於這些再加上密教，義淨在印度一直學習到仏教滅亡，這些大部分資料傳到西藏直至今日。

八、佛教論理學與認識論

　　在印度，早在佛教誕生以前，學者的對論或爭論就很盛行，因而促進了論理學（邏輯）的形成，這一點與古代希臘類似，因此論理學確立了有組織的研究體系。可以說，在人類歷史上只有希臘與印度完成此事。其論理學，佛教稱為「依

因（理由命題）之學」（因明），印度哲學則稱「正理」。

　　佛教論理學的歷史也相當悠久。被推定大約於二世紀時成立的醫學書《揭羅迦本集》，有漢譯本《方便心論》留存（亦有認為此書為龍樹所著），龍樹的《迴諍論》等佛經，曾言及論理學，其中使用的諸術語，一直到後代的佛教論理學與印度的正理學派都還在共同使用。

　　佛教論理學經過有精密理論體系的唯識說的錘煉後，由其中之一的陳那樹立知識論與認識論。

　　陳那的書除了《知識集成論》（譯為《集量論》，僅有西藏文譯本）的主著之外，還有漢譯的《觀所緣論》、《掌中論》、《因明正理門論》等。

　　陳那對於可做為正確認識（量）的根據，只承認直接知覺（現量）與推論（比量）兩種。直接知覺是脫離分別（相當於判斷），並無內容，但若加上推論則可成立具體的認識（這說法與康德的感性論與分析論中的認識之成立酷似）。推論之能夠如此有效，是從日常的經驗來確認的（這一點與康德所說的先天的、先驗的「超越論的」不同，但即使是康德也在辯證論中說：缺少與對象接觸，理性亦會產生假象）。

　　陳那又把推論分成「為自己推論」與「為他人推論」兩種，以推進其認識論，以後把這兩種推論用在論證上，以指向確立他最大功績的論理學。

　　他又把認識的對象分為個別（自相）與普遍（共相）兩種，並說在認識上兩者有關係。但普遍只不過是一種觀念的

存在而已（分別所產生），獨立的個別則只在每一剎那只有一次成為直接的認識之對象，而這並非是一種存在，是以「排除他者」為其內容的。

至於這「排除（apoha，離）」一詞及其應用，則為此後包括佛教的印度哲學各學派所重用；其也當做各種認識論的關鍵語而加以論究（這與史賓諾莎所說的「否定」成為黑格爾最重視的軌跡相類似）。

附加一言，對於認識論的根據，除了上述的直接知覺與推論之外，在古資料（例如《迴諍論》等）則加上「聖典之言」（聖教量）與比喻（譬喻量），共計四種（四量）。但是，瑜珈行派唯識（例如《解深密經》、安慧的《唯識三十頌註釋》）則把比喻除去，成為三種，而陳那則包括「聖典之言」與推論，如上述計兩種。這是基於認識的對象有兩種（個別與普遍）而來。

這二根據（二量）說，一直傳承至他之後的論理學者（如法稱、清弁等）並受遵循。

陳那的論理學，把關於推論——以理由命題（因）應具備的三種條件——稱為「因之三相」，即遍是宗法性、同品定有性、異品遍無性，主要是指周延關係。又舉出理由命題可能有的九種條件，稱為九句因（依然與周延有關係，九種之中僅兩種是正因）。因的三相，已有無著之說，但九句因說，則被視為陳那的新說。

尤其是因為被稱「三支作法」的新推論式的確立，使陳

那聞名於全印度，三支作法便被稱為新因明。這是把以往的
印度論理學（在印度正統哲學中，也由其諸派所採用）的傳
統所標榜的五個命題（五分作法），改革為三個命題（三支），
以後它普及於一切印度論理學。

三支由宗（主張命題、論證者）、因（理由命題、論證的
根據）、喻（實例。有同喻與異喻兩種）所構成，其例如次：

宗——聲（音）是無常的。

因——（聲）因為是人為的。

喻——凡是人為者都無常的，例如瓶（同喻）。凡是常住
　　　者皆具有非人為的性質，例如虛空（異喻）。

新因明、因明、論證，均具有經常要立喻論證的特徵，
而其喻則可視為基於經驗的看法，至於其整體乃是歸納的論
理。

他的論理學之入門書，有商羯羅（天主，年代不明）所
著的《因明入正理論》（玄奘譯，也有梵文本）。

陳那的論理學，後來在七世紀時由法稱完成。法稱的七
種著述傳至西藏，其中的三部主要著作是：⑴《正理一滴論》
（論理學小論）、⑵《量決擇》（知識的決定）、⑶《量評釋》
（知識批判書），其三部或一部分的梵文版已被發現刊行，也
有完整的西藏文譯本。各本都有諸註釋書，由此可見在當時
以及後代都有許多閱讀者。

　　法稱的論述是根據唯識說，但相當接近經量部，例如，他對外界的認識，並不歸於是由八識所產生的，而認為外界的存在是推理出來的。但也不是如有部的看法那樣：外界的樸素實在論性，而只認為外界是推理出來的。他又導入經量部的「剎那滅」之說，加以論證其對象的剎那滅，而在此觀點上它是非連續性的，同時，其流向與意識流相應而可構想出連續。他又重視推論的效果，並說認識的現實性與對象是齊合性的。

　　法稱無論是對認識論或論理學，幾乎都能把全部的問題網羅徹底的論究。如今對法稱的全貌在被解明中，也有專家評價，法稱使佛教論理學的演繹性三段論法面目一新。他的若干弟子，其中的 Devendrabuddhi 較有名。

　　像最後來個漂亮的結尾似的，Moksakaragupta 出現（十一至十二世紀），寫了其名著《中觀思擇焰》(Tarkabhāṣā)。Tarka 是論理、更是推論之意，bhāṣā 是語言之意。此書把法稱之說，及其以後的發展，簡潔而內容豐富的介紹解說，因此被視為是一本佛教論理學中最優良的綱要書。

　　如上所述的，佛教的各種學問，其後仍然不斷地被傳承，但因為佛教信徒人數在印度已逐漸減少，又因為寺院遭受伊斯蘭教軍隊的破壞，及出家僧遭到殺害，使佛教失去其據點，佛教在印度乃面臨衰滅的命運。

第三部

各地的佛教

一般而言，
佛教一直是在民眾感到迫切需要與漠不關心之間擺盪的宗教。
這種情形持續到現在。
不過在第二次世界大戰後，
佛教終於可以徹底地處於和平的環境，
在不斷地嘗試錯誤中學習成長，
追求使個人安心並對世界思想有所貢獻。

第一章 南傳佛教

南傳佛教也稱作南方佛教，或因為其用語而被稱為巴利佛教。它以斯里蘭卡（錫蘭）為起點，而擴大普及至整個東南亞地域後，因為伊斯蘭教的侵入而使其一部分消失，如今則在斯里蘭卡、緬甸、泰國、高棉、寮國等地興盛。這些國家各有其國家、民族、人種等因素，各國均使用其固有的語言（文字），但關於佛教方面，則幾乎都統一使用巴利文，這與天主教教會使用拉丁文的情形一樣（或更徹底）。

南傳佛教繼承曾屬於印度佛教保守派的上座部（或稱長老部）的傳統，保留教團應有的存在方式，並忠實地依照巴利聖典，與往昔的佛教相似。

南傳佛教的出家僧，每天早晨托缽，只在中午前，日吃一餐（但第二次世界大戰後，在斯里蘭卡，出家僧的托缽行為幾乎完全消失了，如今信徒輪流把食物送到出家僧那裡。從布施、捐款建設寺院，到日常的必需品都由信徒送到寺院，在經濟上能自立的寺院也已不少）。午後出家僧專心修行讀經、誦讀巴利聖典或冥想禪定，出家僧全穿著黃衣，過著嚴格的寺院生活，其中也有單身的道場。

他們並不接受大乘佛教所說的多佛、多菩薩或佛性（如來藏）的思想，而只奉守釋迦佛一佛。並且對於佛的名號之一的阿羅漢（譯為「應供」，適合於尊敬和供養的人），放低

一階標準，來做為他們修行的最終目標，而這種情形從印度佛教初期之末以來已如此。

　　至於尼僧（比丘尼）的教團，因為缺乏巴利律藏所定的成立條件，以致據說在稍早時（大約在十一世紀）已消失了。但各地寺院住有未經正規受戒儀式的尼僧，她們穿著白衣衫或黃衣衫，過著與男僧一樣持戒的堅固修行生活，這種團體至今仍有部分存在。

　　出家僧雖參加死者葬禮，但很少直接主持，大多由死者家屬祭祀。南傳佛教的出家僧除了紀念碑之外，並無墳墓、墓地，完全充滿著輪迴思想，這一點與印度佛教一樣。

　　在家信者對出家僧篤厚尊敬，誠心服務出家僧，不斷布施。他們皈依佛、法、僧三寶，並遵守五戒（不殺生、不偷盜、不妄語、不邪淫、不飲酒），希望死後重生於天上（生天），並習慣讓青少年入寺院精勵修行一段日子，這種風氣各地仍殘留著。

　　現在寺院所祀的佛像比較新，都合於一般的規格。

　　至於東南亞各國的佛教徒，在全國人口中所佔的比率，大約為：斯里蘭卡70%、緬甸85%、泰國95%、高棉90%、寮國80%，而信仰大乘佛教的越南則有80%。

　　南傳佛教最大的盛事在五月的第一個月圓之日舉行慶典（稱為衛賽節），是同時紀念佛陀的誕生、成道及入滅。此外，在各地新年時也有熱鬧的慶典，僧俗皆大家同樂。

　　以下是東南亞各國佛教史的主要概況與現狀。

一、 斯里蘭卡（錫蘭）

統治印度全土時皈依佛教的阿索卡王（阿育王，在位期間為公元前 268–232 年），將其子（也有一說是弟）以傳道師身分派遣至斯里蘭卡（錫蘭），因此當地開始傳入了保守派上座部（長老部）系的分別部佛教。這位使節在當時的國王提婆難毘耶亞帝沙（在位期間為公元前 250–210 年時）的庇護與奧援之下，在首都建立了阿努拉達普拉寺，而且不久發展為大寺，成為正統大寺派的根據地。民眾陸續皈依佛教，比丘與比丘尼的教團或寺院也增加，迎接了其最繁榮的時期。

在公元前一世紀（亦稱公元前 29 年）無畏山寺出現後，由於政爭分裂為大寺派與無畏山寺派，而兩派的作風，前者是傳統的、保守的；後者則與印度佛教諸派保持關係，後來又接納大乘佛教與密教，因此兩派的對立更加深。這種情形持續了一千多年，終於在十二世紀時為大寺派所統一，而成為南傳佛教的核心。

大寺派在公元前一世紀時，對佛典加以整理編輯及書寫。因此巴利聖典（律、經、論之三藏與藏外）在此時大致已確定。此派又在五世紀前半期時，邀請印度的佛音來斯里蘭卡，他繼承了自初傳佛教以來六百餘年間該派的聖典研究成果，並寫出將近全部的「三藏」註釋書，以及其名著《清淨道論》。這些巴利語文獻，如今仍然經常被研究者參考。

在十一世紀初葉以後的大約半個世紀期間，因為印度教

希白派的人，由南印度侵入斯里蘭卡，佔領統治了全島，斯里蘭卡的佛教受到壓迫，其佛教的復興轉而仰賴緬甸長老來島上傳教。而且，這種情形屢次發生，其後又有葡萄牙人來到島上，十七世紀中期以後有荷蘭人來，不久則為英國人所統治，因此佛教低迷不振的情形長久持續著，不得不再從緬甸、泰國等地再輸入佛教。第二次世界大戰後，斯里蘭卡終於達成獨立，佛教才又興隆顯著。

二、緬　甸

鄰接印度的緬甸，佛教傳來的歷史很早，在三至九世紀時，即有部派與大乘的活動情形，但隨著其國家的滅亡，佛教也一度消失。其後一直到十一世紀，佛教的狀態仍然混沌，又混著濃厚的印度教、大乘佛教與密教的色彩，這些又與土著的精靈崇拜結合。十一世紀中期時，以北緬甸的浦甘地方為中心而完成國家統一大業的阿努律陀國王（公元 1044－1077 年在位），歡迎上座部系佛教並將之傳到已攻佔的南緬甸，而且向此時正受著壓迫的斯里蘭卡輸入大寺派佛教。但這二者未能迅速融合之際，即遭遇到十三世紀末元朝的攻擊，以及泰族某一派的入侵，故而此二派的分裂狀態仍持續著，但據說這樣反而有利於佛教對民間的滲透。

到十五世紀時，重新傳入斯里蘭卡的大寺派，教團也經過整頓，此後佛教就盛行至今。在這種榮枯盛衰之間，緬甸的佛教反傳回斯里蘭卡的歷史也再三地被記錄著。

三、泰　國

泰國自古即有大乘佛教傳來，如其也有觀音像之製作，但有許多不明之點。在十三世紀中期，統一諸地方、建立泰國民族最早的素可泰王朝，除了創造文字與創出文化事業之外，又引進斯里蘭卡的上座部佛教。從十四世紀至十八世紀時，泰國由阿猶他亞王朝統治，當時的佛教很繁榮，公元1750年時亦曾派遣佛教使節至斯里蘭卡。

公元1783年，曼谷王朝誕生，振新了佛教。被稱為明君的拉瑪四世（公元1851–1868年在位），進行改革國內的諸政策，尤其是注重佛教教團的嚴守戒律與肅清。於是，佛教方面分裂為追隨國王改革政策的正法派，與未參加此項改革的大眾派之兩派，這種狀態至今似乎持續著。前者與王室親密，持戒嚴；後者則佔有全國寺院總數的90%以上。兩派之間在教義上完全沒有差異。

東南亞各國以往多被納入西歐各國的殖民地，唯有泰國不同，自古至今都保持國家的獨立，泰國人對這一點頗引以為傲。公元1932年，其國家制度由君主專政轉變為君主立憲，至公元1939年，國號由暹羅改稱泰國。泰國人民信奉佛教極為篤厚，無論是都市或農村，到處都可見到寺院，全國寺院總數已達二萬五千所以上。不過，泰國也與緬甸一樣，民間信仰中仍殘留精靈崇拜的習俗，占卦也很流行，生活中處處可見受印度教的影響。

四、高棉與寮國

　　與泰國比鄰，在北邊屬於山地地形的寮國，與在南邊屬
於平原地形面海的高棉，現在的佛教情況是：由泰國傳來的
上座部佛教已有穩定紮根基礎，因此其現狀與上述東南亞諸
國的情形大同小異。

　　不過，該地的佛教以往也是在大乘佛教與印度教的結合
之下而繁榮起來的。

　　尤其是迦雅巴爾曼二世（大約於公元 802–896 年在位）
所奠定基礎的高棉帝國，自從建國後的大約七百五十年期間
統治大部分的中南半島，而該王朝的迦雅巴爾曼七世（公元
1182–1201 年在位）最受其國民愛戴尊敬。高棉王朝在九至
十三世紀初葉是最盛時期，在首都吳哥所建築的吳哥城與吳
哥窟規模宏大，連細微末節也精巧極緻，至今仍令人嘆為觀
止，其遺跡聞名於全世界。從其中可以看出佛教與印度文化
渾然融合的情形，許多佛像或毘濕奴神像等傑出雕刻作品林
立。

五、其　他

　　越南在地形上佔著南中國海的海岸線，因此自古以來即
與中國的關係密切，佛教方面也在十世紀末至十四世紀末時，
以中國傳來的大乘佛教為其基幹，受南傳佛教的影響很少。
但是出家僧的戒律非常嚴格，必須獨身吃素、不飲酒、勤於

坐禪，並且要學習帶有淨土禪宗色彩的教理，據說都是受到
《法華經》的影響感化。

越南因為長期在法國的殖民統治下，故其統治階級中有
許多天主教徒，但大部分民眾多是熱心的佛教徒，並且很信
賴出家僧。雖然越南現在已成為社會主義國家，但僧俗緊密
結合的情形持續不變。而且其佛教帶有儒家與道教的一部分
色彩，據說這是以往科舉制度（採用儒、佛、道的三教，與
中國僅採用儒家的情形不同）的遺跡。

馬來西亞在以往有過佛教的興盛時期，但後來即轉入伊
斯蘭教圈。至於多民族國家的新加坡，則是信奉混合道教與
儒教的大乘佛教的華僑信徒居多。

印尼這個國家是由許多島嶼所組成，自古以來，即負有
東、西海上交易的轉運港口功能。大約在五世紀時，大乘佛
教即傳至印尼，至七至十二世紀時，又加上密教與印度教，
尤其是接近中南半島的蘇門答臘與位於其東方的爪哇島，大
乘佛教最為興盛。

爪哇島中部的婆羅浮屠佛塔（公元 760-840 年時所建
立）即是上述情形的遺跡，而在爪哇島東方的巴里島，其文
化傳至今日，顯露出往昔佛教隆盛的情形。雖然印尼在十六
世紀以後劃入伊斯蘭教圈，但是，印尼人對印度的兩大敘事
詩《羅摩衍那》或《摩訶婆羅達》等印度文化或土著的諸信
仰仍然根深蒂固。今日，佛教徒僅佔少數。

第二章　北傳佛教

一、中國佛教

　　印度佛教大約於公元前一世紀時，由犍陀羅越過帕米爾高原進入西域，即現在的中國西部。然而未向西傳入西方，則被解釋為是受到當時在伊朗（波斯）非常活躍的祆教阻止的緣故。

　　佛教流傳到中國，有許多傳說。一般而言，起先可能是信奉佛教的西域人在紀元前後移居中國，而流傳進入，這大概就是中國佛教的起源吧。

　　眾所週知，中國在這個時代之前，已確立極高度的文化，以中華文化為傲，對於異國的文化，必定加以漢字化，翻譯成漢文。中國佛教史，大致上可分成：四世紀末以前的傳道時代；至 581 年隋朝建國以前的研究時代；八世紀中期的隋一唐（盛唐）的獨立時代；十二世紀初期的唐末一五代一北宋的實踐時代；南宋以後的繼承時代等五個分期。

　　在傳道時代中，關於佛教的著名人物有：安世高、支婁迦讖、支謙、竺法護等外國僧，以及朱子行、道安、慧遠（廬山與白蓮社的慧遠）等中國人的學者僧。

　　但是佛教思想的獨立性，除了一部分大乘的淨土救濟思想以外，其實不容易為人們所理解，於是便把傳說中的黃帝

與老子，尤其是以老子的「無」來解釋般若的「空」，用這種折衷和融合方法來使人欣然接受。因此而有稱為格義佛教的一種混淆情形產生，道安與慧遠兩人致力於修正這種混淆的情況。無論如何，隨著秦、漢（西漢）大帝國的衰滅、儒教權威的衰滅、長期的動亂、戰爭、諸國分裂等不安定的情況下，佛教逐漸滲透於中國社會。

至於佛教的研究時代，始於鳩摩羅什（出身於龜茲）來到長安時。他完成各種初期大乘佛教與論書的翻譯工作，因此奠定以後佛典漢譯的典範。把鳩摩羅什以前的稱為古譯，以後的稱為舊譯，這是相對於大約二百年後玄奘新譯所做的區別。鳩摩羅什教育了三千餘人的漢人子弟，在他領軍下的佛教研究脫離了印度原典，只由翻譯的漢文經典推進發展。

此外，先後還有印度的覺賢、求那跋陀羅及真諦等的來華僧繼續進行漢譯工作。然後，從經過漢譯的許多佛典中選出特定的經、律、論，構成另外的整體以自說的體系化形成諸學派，這些學派不久後發展為宗派。這樣的體系化稱為教相判釋（略稱教判），成為中國佛教的特徵之一，而它是從這個時代開始，在其後的佛教獨立時代達到興盛的極點。

在這個佛教研究時代中，一方面整理翻譯經書，作成經錄、傳記等佛教史的各種資料；一方面佛教終於民眾化，與漢民族的習俗融合，使盂蘭盆會等的法會活動盛行。即使偶爾有王朝權力所引致的廢佛情形發生，但佛教也很快就復興了，而且還發展為雲崗的石佛、龍門或敦煌等的石窟工程。

　　由幾近三百年的分裂後，至隋、唐統一，佛教即進入獨
立時代，迎接其黃金時期。首先，被稱為隋代三大法師的淨
影寺慧遠、天台大師智顗、嘉祥大師吉藏，在這時期登場。
這三位大師之中，慧遠著有《大乘義章》，奠定地論宗的基礎。
智顗則依《法華經》，驅使《中論》的理論創出天台宗，以顯
示五時八教的教判，又以勤勉止觀（精神集注）努力培養許
多弟子。吉藏的功績則是依《中論》、《百論》與《十二門論》
的三論確立三論宗之外，還有許多的經論註釋著作。

　　自隋末至唐初時，繼承印度佛教的後五百歲說，而有末
法思想（依中國佛教者之說是：末法在 552 年時傳到中國。
稍早於 589 年隋朝完成統一之前）的流行，與此相應的三階
教廣泛普及於民眾後，因為過於偏激，不久即受當局的取締，
結果這個思想被淨土宗吸收。淨土宗是由曇鸞、道綽、善導
等三位高僧樹立出，一心皈依阿彌陀佛的教理，與唱其名號
的實踐方式。

　　玄奘的西域之旅，到印度長達十七年，在公元 645 年回
國，帶回數量龐大的佛典，他所翻譯的佛典在質與量方面都
非常可觀。尤其是阿毘達摩、唯識、論理學（因明）等最為
貴重，又有《大般若經》六百卷及印度哲學的論書。唯識說
則是由他與其弟子慈恩大師基（亦稱窺基）所完成，之後開
花結果為法相宗。

　　至於賢首大師法藏，則參加《華嚴經》的翻譯工作，繼
承杜順、智儼的法燈，使華嚴宗屹立不搖。其以包括事與理、

一與一切,而一切都能以相即相入的重重無盡緣起說為基本。

在隋唐以前由菩提達摩（亦稱達摩，南印度出身）所傳的禪，其系譜因第六代慧能與同門神秀之出現,而開創禪宗。

在這個時代的末期，善無畏、金剛智、不空等人把密教由印度帶來中國，傳來密教初期（包括《大日經》與《金剛頂經》）及中期的諸經典、怛特羅之類加以漢譯，也傳來陀羅尼、曼陀羅等的加持祈禱，及其他獨自的修法並加以實踐。這嶄新的真言密教漸漸地呈現出很大的成果，但因為遭到唐武宗的會昌毀佛（公元 845 年）以致宗派的形成未果。

在中國，佛教即將轉移至實踐時代，而在印度，佛教則早已趨向衰退，因此對中國也沒有新的傳入，中國佛教信徒的活力已不如昔日，看不出新風。宋（北宋）則竭盡其力傳承華麗而雄大的唐朝文化，對佛教的諸宗也勵行實踐。

其中，淨土與禪宗，以及與民間信仰融合的真言密宗普及，特別是禪宗最適合中國的風土，高僧輩出，所編輯出來的有多種語錄（《臨濟錄》、《碧巖錄》、《從容錄》、《無門關》等），成為禪宗的經典。至於禪寺則定出清規——自給自足的生活規定，將寺院內的生產勞動（作務）納入修行中，創出與印度佛教完全不同的新職業倫理,這與後來的居士佛教(在家佛教）相關聯。

宋代把佛典所有的寫本編輯整理成《大藏經》（亦稱《一切經》），並刻在木板（開板），印刷在紙上。完成這一大印刷事業，同時開始發行許多的刊本。

在佛教的繼承時代中，自前代傳下的禪宗興盛，淨土、天台、真言、律宗也廣泛普及，民間也有結社的出現。而蒙古系統的元朝，為了因應漢民族的諸文化而與西藏佛教接近，而有密教的寺院，僧侶活躍。

明朝時，國家統制嚴格，對佛教也有中央集權的規制，因此佛教發展之勢便埋沒在原就有現世主義的中國人社會裡，在儒、佛、道等三教融合之中，佛教幾乎失去其活力，在經過清朝、國民政府與現在的社會主義體制下，佛教更走向衰退。但是臺灣佛教則仍然興盛。

二、 朝鮮佛教

朝鮮半島的佛教，又稱海東佛教，整體而言，其堅守護國佛教的傳統，在教理方面則綜合性色彩濃厚。雖然依據漢譯《大藏經》的傑出學僧與高僧為數不少，但在寺院的伽藍方面，也可看出道教和民間信仰的遺跡。

據說，佛教傳到朝鮮半島，大概是在四世紀以後，傳入的時間則依當時的朝鮮三國各異。

依公傳，佛教初傳朝鮮時期的記錄：傳到朝鮮北方的高句麗是在公元 372 年，傳至西南部的百濟是在公元 384 年，傳至東南部的新羅是在五世紀前半時期，經陸路或海路而傳來的。但在此時之前，其實佛教早就與中國文化（其一部分）同時一起傳到朝鮮民間。三國均歡迎佛教之傳來，積極建立寺院與派遣留學僧，尤其是新羅的法興王（514–540 年在位）

使佛教興隆，圓光、慈藏等曾留學唐朝的學僧活躍，百濟的聖明王贈送佛像和經卷（538 年，另一說為 552 年）給日本等受人注目。

自從新羅統一朝鮮半島（676 年）以後，佛教即定為國教而積極發展。至七世紀時，法相宗的圓測，以及幾乎通曉整個佛教的元曉、與華嚴宗的義湘三位學僧，在學問與實踐上都卓越出色，表現出可凌駕盛唐時期的佛教業績。除了上述的法相宗與華嚴宗之外，涅槃、律宗等也盛行，不久加上密教，而且對阿彌陀、觀音、彌勒的信仰也盛行。在各地建立的寺院中，慶州的佛國寺和石佛寺等相當知名，也有許多製作精良的金銅佛像。

至八世紀，即有禪宗傳來。九世紀時道義留學南宋，禪學有成之後歸國，禪即最受歡迎，並成為新羅佛教的主流。

高麗在公元 936 至 1391 年的大約四百七十年中，統一和統治朝鮮半島。第一代的太祖支持佛教，同時也信奉帶有道教秘法的世俗的佛教，因此佛教大為流行，也深深影響了後代，現代仍殘存著。後來設立僧侶階級制度，除了寺院之外也建立許多道場，法會越來越盛行。至十世紀時，天台宗的諦觀與華嚴宗的均如大為活躍。

十一至十二世紀初，是高麗佛教的最盛時期，禪、華嚴、天台、法相、淨土諸宗及密教隆盛，其中，到過宋朝的義天為了奠定天台宗未來的基礎，編輯《新編諸宗教藏目錄》的經典目錄，同時，義天也精通《華嚴經》等。其他方面，依

淨土宗與密教的祈禱佛教也相當盛行。

在此時，高麗《大藏經》開板這大事亦值得大書特書。該書的初雕板（1010-1031 年在位的顯宗之代完成，費時約三十年），後來因遭遇元朝的侵略而燒毀，不過嗣後有更完備的再雕板（1214-1259 年在位的高宗之代完成），八萬餘枚版木傳至現在，被視為是具有最高學術價值的全漢譯佛典的寶庫。

1392 年，李朝統一了半島，並稱國號為朝鮮，五十年後創出「諺文」。大約長達五百年的李朝，以朱子學的儒教為國教，因而有反覆廢佛之舉，佛教因此衰退。不過，民間仍然有禪宗與教宗的二宗傳下，禪宗的休靜（西山大師，1520-1604 年）等人活躍。

現在的韓國，有妻室的僧侶已被驅逐，禪系統的曹溪宗戒律嚴格，出家僧過著清規生活，佛教的活力持續增強。以此曹溪宗為首，再加上新宗教的圓佛教，共有十八派，僧尼約有一萬人，信徒則達五百餘萬人。

三、日本佛教

中國與朝鮮的佛教以及其他的各種文化，很早以前便傳至日本，當時佛教是由移居日本的外來者所信仰，但不久漸漸地也為一般民間大眾所信奉。至於佛教正式傳至日本，是在欽明天皇之代（538 年或 552 年），其後發生蘇我氏（百濟系之說亦有力）的崇佛與物部、中臣氏的排佛爭執，及至聖

德太子（574–622 年，自 593 年攝政）接納佛教，才確立了佛教的普及。

目標在中央集權的聖德太子，制定了日本最早的成文法（內容是道德規範），即「十七條憲法」，其中活用佛教思想（和、篤、敬三寶等），並為法華、維摩、勝鬘三經附寫義疏（註釋），留下了聞名於世的「世間虛假唯佛是真」的這句話（亦有異說是「十七條憲法」與《維摩經義疏》並非聖德太子之親撰）。上述《法華經》之一乘思想的綜合統一性，與維摩和勝鬘二經的在家佛教的性格，形成以後日本佛教的基調。

聖德太子曾四次派遣使者赴隋朝，積極吸收大陸文化，又建立四天王寺，救濟病患和貧民，接著創作出法隆寺與其內部的佛像和其他藝術作品，這即是所謂的飛鳥、斑鳩、白鳳之美。在同一時代裡，蘇我馬子所建的法興寺（飛鳥寺，即後來的元興寺），被認為是日本最古老的伽藍，但據說聖德太子與蘇我氏保持距離。在八世紀由聖德太子接納的佛教信仰，經過多次的起伏，及至現在。

在大化革新的前後時期中，天皇的建立寺院正式化，接納佛教由氏族移至宮廷，可以說由上而下的國家佛教的性格，隨著律令體制的擴大而逐漸增強，佛教與政治的緊密結合，之後一直存在於日本佛教的潮流中，這種風潮在南都（奈良）佛教達到頂點，由聖武天皇推動營造的全國規模的國分寺（僧寺與尼寺）、東大寺大佛即其象徵。

奈良時代正逢大陸中國佛教的獨立時代——黃金期，因

其諸派之傳來日本，而成立了如下南都六宗：

⑴三論宗是由入唐受教於創立者吉藏的高句麗僧慧觀，在聖德太子的時代來日時傳下，在元興寺講經，透過優秀弟子擴大了大乘佛教的基礎學。

⑵成實宗由百濟的道藏傳來，後來成為三論宗的附宗。

⑶法相宗由曾入唐的道昭開始初傳，以後直到玄昉時，由留學僧與新羅僧共輸入四次。法相宗的繁榮始於藤原氏氏寺的興福寺，及於法隆寺、藥師寺等，其傳統一脈相承直至今日。

⑷俱舍宗是法相宗的附宗，均依《俱舍論》構成精密而堅固的佛教學。

⑸律宗由唐朝華嚴宗的道璿傳來的四分律宗，嗣後由備嘗苦難而來日本的鑑真成立戒壇，得以正式完成受戒儀式。鑑真在東大寺之後，開創戒律的根本道場唐招提寺。

⑹華嚴宗是在道璿之後，由曾受教於法藏學習華嚴，之後來到日本的新羅之審祥所帶來的，並由其弟子良弁確立此宗。而且，良弁對國分寺（僧寺和尼寺）與東大寺之建立有功勞。華嚴學則相當於大乘佛教的一個高峰，被評為對日本思想的形成亦有所影響。

以上六宗學問的色彩濃厚，並有單一個人兼學諸宗，或一寺而兼諸宗的例子也不少。

南都佛教在國家統制之下，得以剃度為僧的人數受到嚴格限制。禁止打破規則的私度僧，但民眾反而歡迎私度僧，

行基即是私度僧的代表性人物，而有關私度僧的活動，可在說話文學（《日本靈異記》）中看到相關記述。

平安時代的佛教則因最澄與空海兩人而面目一新。

最澄把一生獻給求道。當時他早就遠離人煙在比叡山學天台宗，不久受到把首都遷至京都的桓武天皇的親任，其後奉敕入唐學天台及禪、密、戒等。回國後，他把親自繼承下來的上述四宗合而為一，於比叡山創立天台法華宗。而這個四宗之綜合，則與《法華經》的一乘思想有關聯，也成為與中國天台宗有異的日本佛教的顯著特徵。但後來天台一乘說與南都佛教衝突，尤與法相宗的德一之爭最為激烈。

最澄又在山上設立「大乘戒壇」，制定「山家學生式」。但此舉亦遭受南都戒壇的攻擊。大乘戒壇在最澄去世後的第七天，終於得到公認，之後承襲於此，而有所謂圓頓戒的出家模式，大部分佛教僧都修學於比叡山，自鎌倉新佛教起，長期成為日本佛教（特別是本覺思想、常行三昧、禪定、諸儀禮等）的母胎。而且，比叡山由圓仁等繼承者全面性地加強密教色彩，也成為台密的大本營。

空海與最澄一起私下入唐後，便長期停留在長安，而不空的弟子惠果，剛好正學習那時在中國剛起步的真言密教，然後帶著許多經卷與佛具等回國。不久他即受嵯峨天皇重用，建立了高野山的金剛峰寺，與京都的東寺，開創真言宗（東密），以作為鎮護國家的根本道場。而空海所新傳的加持祈禱亦受人們歡迎，也與南都佛教，特別是與華嚴宗緊密協調。

　　空海在年輕時著有《三教指歸》，比較儒、佛、道三教，回日本後又有《十住心論》及其他名著問世，確立「即身成佛」的教義，他又巡遊日本諸侯各國，致力於民眾的教化和多種社會事業，又因為在書法、文藝等廣義的藝術方面擁有優秀的才華，故亦從事各式各樣的文化活動，以及創立綜藝種智院教育一般子弟等，其活躍範圍極廣。

　　至於真言宗則在平安時代末期，由覺鑁設新義真言宗，後來產生出智山和豐山二派。

　　平安時代佛教，在貴族的皈依和保護之下，建造寺院以及所附帶的佛像之製作、祈禱、法會等各事均繁榮，也與《源氏物語》等王朝文學關係密切，因此有貴族佛教之稱。而且，為保護附屬於寺院的莊園，所蓄備的僧兵也逐漸增加。

　　平安時代中期以後，因天災、動亂等的社會不安，加上末法思想（據說末法將於 1052 年到來，即釋迦入滅一千五百年後，佛法衰退的時代），使得阿彌陀信仰流行，而對於希望藉著念佛而得以往生淨土的追求，也因有市聖之稱的空也、與著有《往生要集》的源信，以及與華嚴思想結合融通唸佛宗開祖的良忍三者的影響，而加速唸佛的流行。

　　另一方面，鎌倉佛教則有民眾佛教開始活動，這是自佛教首傳以來經過大約六百年後，始見日本佛教的誕生。

　　法然（源空）是這新佛教的開拓者，從以往的淨土信仰創立純粹的淨土宗。法然依循中國善導所著的《觀經疏》，一心口念阿彌陀佛名號，貫徹一向專修之唸佛。並著有《選擇

本願念佛集》。這個口稱唸佛，一度遭受既成佛教的壓迫，但其趨勢之後由一部分貴族擴及在家信徒，並在民眾之間逐漸發展開來。

法然去世後，淨土宗門下因意見相左，而分裂成諸派，後來其中的一派，出現一遍的時宗，他們遊行全國，強調與阿彌陀佛一體化，於是歡喜之舞（唸佛舞）擴大。

親鸞修學二十年後走下比叡山，對於法然很心折，徹底信仰阿彌陀佛至其極限（信心為本）。他在被放逐於越後之後，赴關東，並長留下來，向農民與下級武士佈教，同時完成《救行信證》，奠定淨土真宗的基礎。

親鸞在此時已宣佈娶妻、非僧非俗，與遭受苦難的民眾走同朋同行之路，突破稱名，對彌陀之報恩結晶為絕對他力的信仰。親鸞語錄之一部分的《歎異抄》中說：對罪惡深重、煩惱熾盛的眾生，講惡人正機（善人尚且必往生，何況是惡人呢）之類的話，雖然此書是短篇集，但其中的思想激烈敏銳。

此時的南都，有法相宗的貞慶與華嚴宗的高辨明惠對抗流行的唸佛，嚴格地恪守基於道心的修行並徹底地力行持戒之說。

禪宗帶給鎌倉佛教新機軸。禪，自從奈良時代以來，經過多次的傳道，最澄也學過禪，但禪宗之確立卻是到榮西才開始的。榮西曾兩次入宋修臨濟禪，把中國禪的諸文化帶回日本，同時著有《興禪護國論》，他往來於鎌倉和京都之間，

在幕府的奧援下推廣禪宗。不久其臨濟禪受到武士歡迎，漸漸地也滲透於文人之間，然後開花結果為禪寺與其風氣、五山文學、茶道及其他日本獨自的禪文化。

道元則排除一切的妥協，結晶為純粹的禪。他在入宋（大約四年期間）的末期，訪天童如淨完成修學，歸國後著《普勸坐禪儀》，宣揚坐禪的真義。他在京都深草和宇治大約居住十年。在越前（福井縣）永平寺也大約居住十年，嚴格地實踐無懈。他教導人，行住坐臥的一切都與坐禪有關的只管打坐，又以和文寫下《正法眼藏》這本名著。道元禪亦被稱為曹洞宗，其傑出弟子懷奘所著的《正法眼藏隨聞記》也擁有眾多讀者。後來瑩山紹瑾除了著有《傳光錄》之外，又開創總持寺等多處寺院，使禪更加普及於民眾之中。

而在鎌倉時期，因為宋朝被元朝趕至南方，中國禪的高僧陸續來到日本，不僅在禪寺方面，一般的日常生活型態也受到很大的影響。

鎌倉佛教的結尾，則由日蓮的法華宗（日蓮宗）漂亮地裝飾完成。

日蓮與上述的各宗祖不同，是出身關東（千葉的外房），起先學真言密教，接著在比叡山學天台，因看破末法而只選《法華經》這部經回故鄉宣佈立宗，並立刻開始佈教活動。在既成佛教以及上述新的諸宗的擴展之中，日蓮展開激烈攻擊，而他所著的《立正安國論》帶有預期元朝來侵的民族主義政治色彩。因為日蓮的主張與實踐都尖銳，故也遭受法難，

被放逐至伊豆、佐渡，晚年轉變為溫容，隱身於甲斐（山梨）身延山的草庵，最後在江戶池上去世。

日蓮教示的實踐，並非是來世彼岸的，而是把現世的救濟託在「南無妙法蓮華經」的唱題上，因為如此純粹的獨特簡潔性，而被民眾接納，從關東一帶開始普及，不久傳到京都，鼓舞民眾。不過在其宗內卻屢次發生爭論，結果產生若干分派現象至今。

從以上的鎌倉新佛教，可以指出若干共同點：

(1)只選擇一種經典或一佛，而對其他則嚴格排除。(2)不是綜合性質的，而是凝縮為唯一的。(3)無階級差別徹底的民眾宗教。(4)在日常生活中易行而使人信奉的。(5)非由大寺而是由草庵起步。(6)除了禪宗以外，與前往中國大陸的求法沒關係。

此外，在同時代中，把戒律復興的叡尊（興正菩薩）與忍性良觀，則推動了全國性大規模慈善救濟活動，這一點亦值得特別加以記述。

室町時代以後，鎌倉新佛教的各宗在短期間內擴大至全國性規模，在民眾中奠定基礎。偶爾也發生農民起義的情形（民不聊生的暴亂）。蓮如與其他的活動情形也顯著。但是在織田信長─豐臣秀吉的統一天下後，佛教諸宗便完全屈服於世俗的武力和權力下。至江戶初期，當時最大的本願寺也被分成東西二派。並為了禁止民眾信奉基督教，而有「人別宗門改」、「寺請證文」等措施，由於幕府所定的嚴格寺檀政策，

個人的自由信仰也被剝奪，一切都歸屬於檀那寺，家府的宗門為優先，同時，諸宗的內部也為本寺——末寺所縛住。

幕府實施的若干種保護佛教措施，雖然不過是幕藩體制——封建制的強化與維持表面的做法，但在其中卻有許多高僧或學者僧登場而能確立宗學，另一方面各地的私塾也充分發揮了普及基礎教育機構的功能。

進入明治時代後，從神佛分離轉變為廢佛毀釋的暴風吹起，已長久無氣力的佛教除了極少數的例外之外，多數都只如同習俗似的傳承著。明治以後的大多數日本人都狂奔於歐美新文化，不絕地追隨流行。不過，在佛教徒中，也有不僅是為維持傳統，還有超出傳統的各種活動在各領域中產生，而民眾也從以往的回憶中想起佛教，因此也有零散的佛教熱潮。

一般而言，佛教一直是在民眾感到迫切需要與漠不關心之間擺盪的宗教。這種情形持續至現在。不過在第二次世界大戰後，佛教終於可以徹底地處於和平的環境，在不斷地嘗試錯誤中學習成長，追求使個人安心並對世界思想有所貢獻。

如同上述，日本佛教幾乎都具有依諸宗而成立宗派佛教的特徵，即使是依大乘佛教，在形式上雖然有僧與俗之別，但是在其底流卻帶著濃厚的在家佛教色彩。這樣的大乘文化，與日本人的日常生活密切相關，並培養出日本人的人生觀和思想，也與繪畫、雕刻、音樂、演藝、文學、建築、園藝等的藝術與文化有密切的關聯。

四、西藏佛教

統一西藏全土的松贊干布王（581—649 年，約與日本的聖德太子同時代），首先由印度與中國雙方引進佛教，並制定西藏文字。後來的赤松德贊王（742—797 年），則把通曉後期大乘和密教的三位高僧：寂護、蓮華生、蓮華戒三人分別邀請至新建的薩姆耶爾寺院。並曾在該寺院裡舉行蓮華戒與中國僧摩訶衍的法論，前者辯勝後，西藏佛教的一切便都依據印度佛教。之後更著手進行梵文佛典翻譯成藏文，並製成佛典目錄。

經過大約一百年的廢佛期，在十一世紀前半期，密教僧阿底峽到西藏，重建西藏佛教，也有西藏僧熱心地努力復興戒律，達成佛教的繁榮。雖然有時佛教的發展弛緩，但立刻有改革派登場，在十三世紀後半時成立了《西藏大藏經》。就在這個時期，西藏歸於元朝的統治下，西藏僧的學者八思巴被聘為國師，在蒙古促進西藏佛教的普及。

十四世紀中期以後，西藏最大的名君宗喀巴以嚴格遵守戒律的方式完成根本的改革，他所創設的黃教持續至今。他精通顯、密二教，除了有對中觀派加以徹底解釋的名著《菩提道次第論》之外，也達成密教的純化。

此後，由法王達賴喇嘛繼承西藏佛教。自十八世紀的達賴喇嘛五世以來，成為整個西藏的統一君主，統率宗教、政治、文化等一切，直至現在的第十四世達賴喇嘛。至於其繼

承方式，是依據轉生這種獨特的方法。而且，這位達賴喇嘛五世，對別的大寺之高僧贈予班禪喇嘛的稱號。雖然西藏佛教從近世至現代，不斷受到英國、俄國，以及近期的中國等的莫大壓迫，但西藏佛教根深的強力依然不衰。

在過去，西藏也曾有過出兵攻打過唐朝的時期，而稱為吐番。而且西藏佛教至今也仍確實持續存在於蒙古、蘇聯中的一部分地方。

《西藏大藏經》是由甘殊爾（佛說部，即經、律與怛特羅）與丹殊爾（論疏部，即註釋的論書）所成，尤其它是對照已佚失梵文原典的大乘佛教或密教的諸經典，依其規則翻譯傳下的，且其數量凌駕漢譯《大藏經》。這在佛教研究上是不可缺少的貴重寶庫，因此深受世界各地的研究者廣泛利用。

附帶一提，喇嘛是老師之意，但西藏佛教徒自己並不用喇嘛教這個名稱，這只是異教徒慣用的稱呼而已。

後 記

　　本書有前言，但沒有結語。佛教一貫解說人生的無常，佛教本身的無常也充分的辯明，雖然其內部有種種生滅變化的情形，但在日本及亞洲各地，佛教做為心靈與靈魂的原點，及人們的故鄉，不僅是在過去活著，現在依然活著，既然能享有生命，便會一直活下去。

　　而且，這並非僅僅是繼續活著而已，若有一天佛教思想的任何一種（或更多種）能透過強韌的思索、活力與表現，以世界思想、普通思想的一翼而飛翔，或者也許有更充實、更有深度的思想結晶，這是我個人從事思想研究所衷心希望的，因此在本書中隨處可見我對佛教的解釋、比較、批評或評價等等而論的話。

主要參考文獻

赤沼智善〈釈尊の四眾に就いて〉（《原始仏教之研究》，破塵閣書房，1939年）。

中村元《インド思想史》第2版，岩波全書，岩波書店，1968年。

中村元《ゴータマ・ブッダ、釈尊的生涯、中村元選集第11巻》，春秋社，1969年。

中村元《インド人の思惟方法、中村元選集（決定版）第1巻》，春秋社，1988年。

中村元《仏教語大辞典》全三巻，東京書籍，1975年。

中村元《ブッダのことば・スッタニパータ》，改訳刷，岩波文庫，岩波書店，1984年。

平川彰《初期大乗仏教の研究》，春秋社，1968年。

平川彰《インド仏教史》全二巻，春秋社，1974年、1979年。

岩本裕、佐佐木教悟、藤吉慈海《東南アジアの仏教》（アジア仏教史インド編VI、佼成出版社，1973）。

梶山雄一訳《論理のことば》中公文庫，中央公論社，1975年。

梶山雄一《「さとり」と「迴向」》，講談社現代新書，講談社，1983年。

早島鏡正、高崎直道、原実、前田專學《インド思想史》，東京大学出版会，1982年。

高崎直道《仏教入門》，東京大学出版会，1983年。

前田惠学編《現代スリウンカの上座仏教》，山喜書房仏書林，1986年。

藤田宏達《原始淨土思想の研究》，岩波書店，1970年。

山口瑞鳳《チベット》全二巻，東京大学出版会，1987年、1988年。

原実《古典インドの苦行》，春秋社，1979年。

武内紹晃〈仏陀觀の変遷〉（《講座・大乗仏教1》），春秋社，1981年。

武内紹晃〈仏陀論－仏身論を主として〉（《岩波講座 東洋思想9，インド仏教2》，岩波書店，1988年）。

川崎信定〈一切智者の存在論証〉（《講座・大乗仏教 9》），春秋社，1984

年。

桂紹隆、戸崎宏正、赤松明彦、御牧克己、長崎法潤の諸氏の論文，同上。

鎌田茂雄《朝鮮仏教史》，東京大学出版会，1985 年。

岩崎武雄《西洋哲学史》，有斐閣，1953 年。

高崎直道、鎌田茂雄、藤井学、石井米雄〈仏教〉(《世界大百科事典 24》
平凡社，1988 年)。

中村元〈仏教〉(《ブリタニカ国際大百科事典 17》テイビーェス・ブリタ
ニカ，1975 年)。

中村元、三枝充悳《バウッダ・佛教》，小学館，1987 年。

三枝充悳《初期仏教の思想》，東洋哲学研究所，1978 年。

三枝充悳《龍樹、親鸞ノート》，法蔵館，1983 年。

三枝充悳《仏教と西洋思想 比較思想論集 3 》，春秋社，1983 年。

三枝充悳《中論偈頌総覽》，第三文明社，1985 年。

三枝充悳《ダンマパダ・法句經》，青土社，1989。

略年表㈠

印度、東南亞、中國、朝鮮、西藏

公元前	約 1200 年	雅利安人進出印度
	約 1000 年	黎俱吠陀成立
	約 463 年	釋尊誕生（一約前 383，另說前 565–485）
	327 年	亞歷山大帝入侵印度
	約 280 年	教團分列裂（根本分裂），邁入中期佛教
	268 年	孔雀王朝阿索卡王即位 佛教傳入斯里蘭卡
	約 100 年	部派佛教確立 迦多衍尼子 佛塔崇拜盛行
公元後	約 0–100 年	大乘佛教興起 佛教傳至中國
	約 100 年	馬鳴（約 50–150）
	約 129 年	月氏王朝卡尼西卡王即位
	約 150 年	佛典漢譯開始 龍樹（約 150–250）
	約 200 年	佛像彫刻出現
	320 年	笈多王朝成立，六派哲學興盛 中期大乘發展至後期佛教
	約 370 年	道安（312–385）及廬山慧遠（334–416）崛起
	約 370–450 年	佛教傳至朝鮮半島（當時是三國）
	約 390 年	無著（約 390–470，另說約 310–390）
	約 400 年	世親（約 400–480，另說約 320–400） 法顯（339–420）至印度旅行（339–414）
	401 年	鳩摩羅什（約 350–409）到達長安
	約 415 年	佛音到斯里蘭卡
	約 500 年	佛護（約 470–540） 陳那（約 480–540） 清弁（約 490–570）

	安慧（約 510–570） 護法（約 530–561） 曇鸞至中國（476–542）
546 年	真諦（499–569）至中國
589 年	隋統一中國 淨影慧遠（523–592），智顗（538–597），吉藏（549–623）
593 年	赤贊干布王即位 西藏佛教開始
約 610 年	穆罕默德（571–632）創立伊斯蘭教
約 618 年	唐統一中國（618–907） 道綽（562–645），道宣（596–667），神秀（605–706）， 善導（613–681），慧能（638–713），法藏（643–712）
629 年	玄奘（600–664）至印度旅行（629–645） 印度後期大乘佛教 月稱（約 600–680） 法稱（–650–） 密教興起，《大日經》《金剛頂經》
671 年	義淨（635–713）至印度旅行（671–695） 寂天（約 650–750） 寂護（約 730–783） 蓮華戒（約 740–797）
676 年	朝鮮半島統一，新羅時代開始
719 年	不空（705–744）不空至中國
754 年	赤松德贊即位（–796 在位）
936 年	高麗統一朝鮮半島
1000 年以降	南傳佛教在東南亞各地傳播
1042 年	阿提峽（982–1054）至西藏
約 1100 年	吳哥窟建立
1203 年	維格拉馬西卡寺遭受破壞，印度佛教衰滅
1373 年	宗喀巴（1357–1419）至中央西藏
1392 年	李朝成立，號朝鮮
1877 年	維多利亞女王統治印度宣言
1950 年	印度聯邦，巴基斯坦建國

略年表(二)

日 本

239 （ 一 ）	卑弥乎派遺使者至魏
535 （宣化 3）	百濟佛教公傳（另說 552）
584 （敏達 13）	蘇我馬子造佛殿
593 （推古 1）	聖德太子（574-622）攝政
604 （推古 12）	「十七條憲法」制定
607 （推古 15）	法隆寺建立
624 （推古 32）	定僧制
625 （推古 33）	高句麗僧慧灌渡日傳三論宗（初傳）
646 （大化 2）	大化革新之詔
700 （文武 4）	法相宗初傳的道昭辭世，是最早的火葬
701 （大宝 1）	完成「大寶僧尼令」
710 （和銅 3）	平城遷都
712 （和銅 5）	「古事記」完成
717 （養老 1）	禁止私度僧，行基（668-749）的活動禁止
741 （天平 13）	頒佈國分寺、國分尼寺創設的詔書
752 （平天、勝宝 4）	東大寺大佛開眼上供
754 （平天、勝宝 6）	鑑真（687-763）由唐來日，確立律宗
766 （天平、神護 2）	道鏡法王
788 （延曆 7）	最澄（767-822）在比叡山創建延曆寺
794 （延曆 13）	遷都平安
797 （延曆 16）	空海（774-835）著《三教指歸》
805 （延曆 24）	最澄傳天台宗
806 （大同 1）	天台宗的獨立被公認 空海傳真言宗
816 （弘仁 7）	皇帝敕許空海在高野山創設金剛峰寺
822 （弘仁 13）	最澄沒，比叡山敕許大乘戒壇的設立
828 （天長 5）	空海創設綜芸種智院 此時完成《日本靈異記》
838 （承和 5）	丹仁（794-864）入唐，其後成為延曆寺座主

938（天慶 1）	空也在京都提倡唸佛
958（寬和 1）	源信（942–1017）著《往生要集》
1007（寬弘 4）	此時《源氏物語》完成
1052（永承 7）	這一年被認為是末法第一年
1053（天喜 1）	平等院鳳凰堂建立
1100（康和 2）	此時僧兵紛爭
1124（天治 1）	良忍（1072–1132）開始融通唸佛宗
1126（大治 1）	中尊寺建立
1140（保延 6）	新義真言宗之祖覺鑁（1095–1143）從高野山至根來
1175（承安 5）	法然（源空 1133–1212）提倡專修唸佛（淨土宗）
1180（承治 4）	平重衡火攻東大寺
1190（建久 1）	西行（1118–1190）沒
1191（建久 2）	榮西（1141–1215）傳臨濟宗
1192（建久 3）	源賴朝成為征夷大將軍
1198（建久 9）	榮西著《興禪護國論》，法然著《選擇本願念仏集》
1201（建仁 1）	親鸞（1173–1262）入法然的門下
1207（承元 1）	詔告禁止唸佛，法然、親鸞均受流罪
1227（安貞 1）	道元（1200–1253）由宋歸來（1223）入宋傳曹洞宗
1230（寬喜 2）	此時親鸞撰《教行信証》
1232（貞永 1）	中興華嚴的高辨明惠（1173–1232）沒
1244（寬元 2）	道元建立永平寺
1246（寬元 4）	宋僧蘭溪道隆來日 此時道元著《正法眼藏》 此時叡尊復興戒律與社會救濟事業
1253（建長 5）	日蓮（1222–1282）宣言日蓮宗成立
1267（文永 4）	忍性（1217–1303）在關東盡力推展慈善救濟事業
1268（文永 5）	凝然（1240–1321）著《八宗綱要》
1217（文永 8）	日蓮流放佐渡
1274（文永 11）	一遍（1239–1289）開創時宗
1275（建治 1）	夢窗疎石生
1279（弘安 2）	宋僧無學祖元來日建立丹覺寺
1325（正中 2）	曹洞宗中興之瑩山紹欽（1628–1325）沒

1392（元中 9、明德 3）	南北朝（1336-）統一，室町時代開始
1467（応仁 1）	応仁之亂開始（-1477）
1480（文明 12）	蓮如（1415-1499）在山科再興本願寺
1506（永正 3）	諸國發生暴動
1571（元龜 2）	織田信長火攻比叡山 天海（1536-1643） 崇伝（1569-1633） 澤庵宗彭（1573-1645） 鈴木正三（1579-1655）
1602（慶長 7）	本願寺東西分裂
1603（慶長 8）	江戶幕府成立
1612（慶長 17）	幕府禁止天主教
1615（元和 1）	本山末寺定制度
1630（寬永 7）	鐵眼道先生（-1682）
1654（承応 3）	隱元（1592-1673）由明朝來日，傳黃檗宗 盤珪（1622-1693） 鳳潭（1637-1738） 面山瑞方（1683-1769） 白隱慧鶴（1685-1768） 富永仲基（1715-1746） 慈雲飲光（1718-1804） 良寬（1758-1831）
1868（慶応 4）	明治維新、「神佛分離令」公佈、廢佛棄釋運動發生
1872（明治 5）	僧侶肉食、妻室、蓄髮的許可
1889（明治 22）	「大日本帝國憲法」發佈
1945（昭和 20）	日本第二次世界大戰戰敗
1947（昭和 22）	「日本國憲法」施行
1951（昭和 26）	宗教法人法公佈

中文索引

1. 本索引以中文筆劃順序排列，並附梵文、巴利文及西藏文用語。
2. s. 後所示為梵文，p. 後所示為巴利文，t. 後所示為西藏文。
3. 專有名詞以大寫字母開頭。
4. 本書第三部各地的佛教省略。

宗教文庫

人類如何去信仰與人類信仰什麼是同樣重要的問題

頓悟之道——勝鬘經講記　謝大寧／著

　　如果眾生皆有無明住地的煩惱，是否有殊勝的法門可以對治呢？本書以「真常唯心」系最重要的經典——《勝鬘經》來顯發大乘教義，剖析人間社會的結構性煩惱，並具體指出眾生皆有如來藏心；而唯有護持這顆清淨心，才能真正斷滅人世煩惱，頓悟解脫。

改變歷史的佛教高僧　于凌波／著

　　佛教的種子傳入中國之後，所以能在中國的土壤紮根生長，實在是因為佛門高僧輩出。他們藉由佛經的翻譯及法義的傳播來開拓佛法，使佛教蓬勃發展。當我們追懷魏晉南北朝時代的佛教及那個時代的高僧時，也盼古代佛門龍象那種旺盛的開拓精神可以再現，為佛法注入新的生命。

白馬湖畔話弘一　陳　星／著

　　碧水澈灩的白馬湖有著桃花源般的寧靜，它以超凡的秉性成為千丈紅塵中的清涼世界；而弘一大師就像引起湖面漣漪的一股清流，他與白馬湖作家群交錯成一幕魅力無窮的人文風景。本書娓娓道出弘一大師在白馬湖居留期間的事跡，讓您沉浸在大師的文心、藝術與佛緣裡。

唯識思想入門　橫山紘一／著　許洋主／譯

　　疏離的時代，人類失去了自己本來的主體性，並正被異化、量化為巨大組織中的一小部分，而如果罹患了疏離感的現代人不做出主動且積極的努力，則永遠不得痊癒。唯識思想的歷史是向人類內心世界探究的歷史，而它的目的就在於：使人類既充滿污穢又異化的心，恢復清淨及正常的本質。

宗教文庫

多元的宗教是人類精神信仰的豐富展現

從印度佛教到泰國佛教　宋立道／著

　　南傳佛教歷經兩千餘年的發展，堅定地在東南亞大陸站穩腳跟，成為當地傳統文化的主流，不僅支配人們的道德觀念、影響人們的生活情趣，更成為泰國政治意識型態的一部分。藉由玉佛的故事，且看一代聖教如何滲透到東南亞社會的政治、歷史與文化各方面，以及宗教在人類創造活動中的偉大作用。

印度教導論　摩訶提瓦／著　林煌洲／譯

　　由正當的語言、思想及行為著手，積極地提升自己的內在精神，寬容並尊重各種多元的思想，進而使智慧開顯豁達，體悟真理的奧祕，這就是印度教。印度教強調以各種方法去經驗實在及實踐愛，而這正是本書力求把印度教介紹給世人的寫作動力。藉由詳盡的闡釋，本書已提供了一條通往永恆及良善生活方式的線索。

華嚴宗入門　劉貴傑／著

　　傳說印度龍樹菩薩承大乘行願，發心潛入龍宮的藏經閣閱讀經，後從龍宮攜出《華嚴經》下本，才得流傳世間。華嚴宗依《華嚴經》而立，以法界圓融無礙為宗旨，宣揚一心含攝無量，並直指唯有修心才能成佛。本書提挈華嚴宗的基本概念及主要義理，讓你步入華麗莊嚴的佛法殿堂。

多難之路──猶太教　黃陵渝／著

　　猶太教的核心是相信宇宙有而且只有一位上帝存在，其教義強調猶太人是上帝從萬民中揀選出來的一個特別民族，其將受到上帝的眷顧，並肩負上帝委託的特殊使命。然而，這個民族卻經歷了滅國、流亡及種族屠殺等乖舛多難的命運。在背負過去的傷痛及靜待救贖的日子裡，且讓我們共體猶太信仰在人類史上的堅貞與多難。

宗教文庫

認識多元的宗教知識，培養理性的態度及正確信仰

圓通證道——印光的淨土啟化　陳劍鍠／著

佛教自清朝雍正皇帝以降，因未能防止無賴之徒剃度為僧，故僧流猥雜，使得佛法面臨滅法的劫難。在這種逆流的環境下，印光大師續佛慧命，啟化佛教信徒要能慎思明辨、確立正信；他並提倡他力往生的淨土思想，建立求生西方極樂的堅定信念，為人世間開闢了一片希望的淨土。

伊斯蘭教與中國社會　葛　壯／著

曾經有一個虔誠的穆斯林說：「如果我信仰真主，當然是我優越，如果我不信仰真主，這條狗就比我優越。」就因為穆斯林們的堅定信仰，使得阿拉伯的伊斯蘭文化不斷地在中國各地傳播，並與中國各朝代的商業、政治、文化及社會產生了密切的互動。且讓我們走進歷史的事跡裡，一探穆斯林在中國社會中的信仰點滴。

滿族薩滿教　王宏剛／著

「薩滿」為通古斯語，意為「知曉神意的人」。薩滿教是北方先民用集體的力量擺脫蒙昧的一種文化形態，它記錄了人類童年時代的某些精神景觀與心靈發展的歷史軌跡。本書深入「白山黑水」的東北滿蒙地區，為你揭開一幕幕美麗的原始神話，讓你飛翔在薩滿的萬物神靈裡。

佛法與醫學　川田洋一／著　許洋主／譯

醫生通常可以告訴您生了什麼病，卻無法確切地告訴您為什麼會生病；「人為什麼會生病」這個問題，似乎牽涉到生命意識的深層結構。本書由世尊的覺悟內容做為起點，有系統地論述身體與宇宙韻律的關係，並詳細介紹佛門的醫療方法，為您提供一條健康喜悅的生命之道。

宗教文庫

堅定的信仰，高尚的道德品格

大乘佛教思想　上田義文／著　陳一標／譯

　　大乘佛法的義理精闢艱深，諸如「色即是空」及「生死即涅槃」等看似矛盾的命題，更為一般人所無法清楚地理解；而如果我們不先將這些基本概念釐清，則勢必求法無門。本書以清晰的思路帶領大眾思考大乘佛教的基本概念，並對佛學研究方法提出指引，使佛法初學者與研究者皆能從中獲取助益。

佛教經典常談　渡辺照宏／著　鐘文秀、釋慈一／譯
　　　　　　　　　　　　　　　陳一標／校訂

　　作為宗教文學或哲學著作，佛教聖典當然具備豐富多樣的內容，縱使在教戒、傳說、寓言、笑話、小說、戲曲、歷史、地理、民俗、習慣等人類所有的生活面，像佛教聖典這樣廣涉多方且富於變化者，確為世界文獻所僅見。本書以淺易明白的方式來介紹佛經的成立及現存的主要經典，輕啟您對佛門經典的常識。

經典禪語　吳言生／著

　　禪宗在表現生命體驗、禪悟境界時，於「禪不可說」中建立起一個嚴謹而閎大的思想體系，而本書正是通向禪悟思想之境的一座橋樑。藉由禪師們的機鋒往返，剝落層層的偏執，使你寸絲不掛，讓你在耳際招架不住的困思之中，體證修行與生活一體化的澄明之境，並嗅聞出禪門妙語的真實本性。

經典禪詩　吳言生／著

　　禪宗詩歌是一筆豐厚的文化遺產，從創作主體上來看，包括歷來禪僧創作的悟禪之詩，和文人創作、帶有禪味的詩歌兩大類，而本書所探討的經典禪詩是指前一類。禪宗詩歌與純文學性的詩歌不同，它的著眼點不在於文字的華美、技巧的嫻熟，而在其禪悟內蘊的深邃、豐富；因此，藉由禪詩的吟詠，深足以豐饒身心、澄明生命。

國家圖書館出版品預行編目資料

佛教入門 / 三枝充悳著；黃玉燕譯. －－初版一刷. －
－臺北市；東大，2003
面；　　公分－－(宗教文庫)
參考書目:面
ISBN 957-19-2680-9　　(平裝)

1. 佛教

220　　　　　　　　　　　　　　　　92001182

網路書店位址　http：// www. sanmin. com. tw

© 佛 教 入 門

著作人　三枝充悳
譯　者　黃玉燕
發行人　劉仲文
著作財
產權人　東大圖書股份有限公司
　　　　臺北市復興北路386號
發行所　東大圖書股份有限公司
　　　　地址／臺北市復興北路386號
　　　　電話／(02)25006600
　　　　郵撥／0107175-0
印刷所　東大圖書股份有限公司
門市部　復北店／臺北市復興北路386號
　　　　重南店／臺北市重慶南路一段61號
初版一刷　2003年2月
編　　號　E 220800
基本定價　參元陸角
行政院新聞局登記證局版臺業字第〇一九七號

有著作權·不准侵害

ISBN　957-19-2680-9　　(平裝)